13

본격 한중일 세계사

본격 한중일 세계사

13 청불전쟁과 갑신정변

초판 1쇄 발행 2022년 4월 29일 **초판 2쇄 발행** 2022년 11월 9일

지은이 굽시니스트
펴낸이 이승현

출판2 본부장 박태근
지적인 독자 팀장 송두나
디자인 하은혜

펴낸곳 ㈜위즈덤하우스 **출판등록** 2000년 5월 23일 제13-1071호
주소 서울특별시 마포구 양화로 19 합정오피스빌딩 17층
전화 02) 2179-5600 **홈페이지** www.wisdomhouse.co.kr

ⓒ 굽시니스트, 2022

ISBN 979-11-6812-293-2 04900
      979-11-6220-324-8 (세트)

본격 한중일 세계사

13
**청불전쟁과
갑신정변**

굽시니스트 글·그림

위즈덤하우스

머리말

'조선 말기에 쇄국하지 않고 일찍 개항해 일본처럼 빠른 근대화를 이뤘다면 망국 식민지화의 비극을 피할 수 있지 않았을까'라는 대체역사적 상상을 품어보지 않은 한국인은 별로 없을 것입니다. 하지만 결국 역사를 더 공부하다 보면 그 또한 부질없는 발버둥이었으리라 주억거리며 미련을 떨치게 되지요. 중국, 인도, 베트남 등등의 나라들이 딱히 개항을 늦게 해서 제국주의 침략하에 놓이게 된 건 아니니까 말이죠.

그러면 '왜 일본은 성공했고 다른 나라들은 실패했는가'라는 부분에 대해서는 정말 수많은 식자들이 정치·경제·사회·문화 등등 도서관 몇 개 분량으로 논해놓은 바가 있으니 감히 간단한 말로 쉽게 가벼움을 내보일 수 없습니다만, 일단 이 13권이 갑신정변을 다루고 있으니, 그런 체제 변혁 문제에 대해 정치·경제적인 부분은 제하고, 한중일 레짐 체인지 포텐의 대략적인 인상 스케치를 내어보자면 말입니다.

19세기 중후반, 레짐 체인지가 가능한 포텐을 가지고 있던 나라는 일본뿐이었다는 거죠.

일본의 전근대 지배 체제인 막번 체제는 정말, '제발 레짐 체인지 해주세요'라고 존재하는 듯한 체제였으니 말입니다. 에도 막부에 물리적으로 저항 가능한 반독립적인 지방 정권들이 있었고, 막번 체제의 경직성에 불만을 가진 사士 엘리트 계층이 백만 단위로 존재했고, 그런 불만 세력에게 레짐 체인지의 당위성을 북돋우는 대안 이념인 유교가 이미 100년 넘게 씨를 뿌려왔고, 레짐 체인지를 통해 국가 최고 권위를 가져야 마땅한 천황이 당당하게 존재하고 있었으니, 이건 뭐 먼저 혁명하는 게 임자인 상황이죠. 그런 오래된 혁명의 밭에 개항과 함께 서구 근대의 비료들인 '만민평등, 국민국가, 기술적 진보에 대한 열광' 등등이 가미되어 메이지 유신은 구체제 청산과 동시에 근대화를 함께 이루는 혁명으로 포텐 폭발 가능했던 것이지 말입니다.

중국의 경우에도 사실 꽤 강력한 레짐 체인지 포텐이 있었지요. 소수의 만주족 귀족들이 수억 한족을 다스리는 청 제국에는 언제나 멸만흥한의 긴장감이 지속되어 왔습니다. 중국에서 레짐 체인지가 일어난다면 당연히 멸만흥한의 기치를 걸고 일어나리라는 건 누구나 짐작 가능한 일. 하지만 이념과 계급 차원에서 중국의 사士 엘리트 계층은 청조에 유교적 충성을 바치며 중간 지배계급에 안주하고 있었던지라 멸만흥한 플로우에 쉽게 포섭되지 않았습니다. 일본에 존재했던 이념적 포텐과 엘리트 계층 이반 포텐이 기능하지 않았던 것이지요. 때문에 200년간 쌓여온 멸만흥한 에너지의 폭발은 일본과 같은 엘리트 혁명의 형태가 아닌 지방 종교 반란이라는 바람직하지 않은 형태로 분출되었고, 태평천국이 허비해버린 멸만흥한 에너지를 다시 추슬러 신해혁명을 이루는 데는 반세기가 더 필요했던 것입니다. (물론 신해혁명은 그런 전통적 맥락보다는 근대 반봉건 혁명 쪽에 맥락을 둬야 할 것이니 조금 다른 이야기긴 하지만 말입죠.)

조선의 경우에는 그냥 레짐 체인지 포텐이 없었다고 볼 수 있을 것 같습니다. 이씨 왕조는 탄탄한 유교 이념 기반 위에 가장 높은 권위로 반천 년을 군림했고, 이후로도 반천 년을 더 군림하지 않을 이유가 없었습니다. 이를 둘러싼 사士 엘리트 계층은 강력한 유교 이념과 지주 계층으로서의 경제적 기반, 인맥 카르텔로 왕조와 100퍼센트 명운을 함께하는 단괴였습니다. 양반이라는 사제들로 구성된 유교 바티칸의 교황이 조선 국왕이랄까요. 조선 역사상 가장 흥했던 농민 반란인 동학 운동조차 근왕의 유교적 기치를 내걸었으니 말입니다. 조선 구체제의 단단함은 실로 명불허전. 레짐 체인지를 가능케 할 대안 이념도, 불만 엘리트 집단도, 대안 권위도 존재하지 않았기에 일본의 메이지 유신과 같은 형태의 대격변은 가능하지 않았을 것입니다. 정육면체 주사위를 어떻게 굴려도 7이라는 눈이 나오지 않는 것처럼 말이지요. 메이지 유신이 레짐 체인지를 동반했기에 그처럼 짧은 기간 격렬한 개혁을 통해 구체제를 청산하고 국민국가로 나아갈 수 있었다는 부분을 생각하면, 레짐 체인지 없는 조선이 아무리 일찍 개항을 한들, 베트남 응우옌 왕조보다 뭘 더 잘할 수 있었을 것이며, 태국 짜끄리 왕조가 가졌던 행운을 노린다 한들 썩 훌륭한 근대화를 이루기는 어려웠겠지요.

아무튼 그런 본질적 제약하에서 볼 때, 갑신정변은 양반 계층 엘리트 일부에 의한 체제 내부 권력 투쟁이라는 작은 그림이라 할 수 있겠지요. 하지만 유신·경장을 꿈꾸는 선비들의 머릿속에는 여말 선초 신진 사대부에 의한 국가 개조 캐리를 재현하리라는 이상이 도사리고 있었고, 이는 조선의 사士 엘리트 일각에서 엿볼 수 있는 특수성이라 논할 만하기에, 서구식 근대화라는 방법론으로 국가 개조를 꿈꾼 개화당 세력이 소수일망정, 그들의 존재 자체는 조선 양반 엘리트 포텐의 어떤 선을 보여주는 것이라 평하고 싶은 기분도 있군요.

2022년 4월

굽시니스트

차례

제 1 장

Sunbi in NY

1884년 10월, 청 지상군이 통킹으로 증원되고.

통킹으로 진격‼

대만을 후려친다‼

프랑스 원정군이 대만에 다시 상륙하고.

이리 청불전쟁이 격화되고 있지만 일단 그 전쟁 中에 멀리 떨어진 우리나라에서 진행된 이야기가 重하니, 1883년의 조선으로 돌아가 봅시다.

청나라 화이팅! 마음으로나마 응원해요!

1883년에는 드디어 일본과의 통상조약이 개정되어 관세를 설정할 수 있게 되었다.

〈조일통상장정〉

톤당 255문의 관세를 매기도록 합니다.

대신 일본에 최혜국 대우할 것.

그리고 방곡령 조항도 추가합니다.

지역에 쌀 부족할 때는 쌀 수출 멈춰!

흠…

그 밖에,
상호 연안 어장 개방 등 합의.

으어; 왜놈들이
우리 어장 씨를
말려놓는구먼;

억울하면 너네도
우리 어장으로 오라고. ㅎ

(어업 규모와 기술력 차이가 너무 컸다.)

일본과의 조약 개정 외에도,
〈조청상민수륙무역장정〉을
본 영국 측에서 –

아니! 중국이 저 정도로 꿀빠는
내용들을 가져가는데 영국이
그만 못하다는 게 말이 되나?!

최혜국 대우를 외치는 영국의 강요로
조·영 양국 간 조약은
1883년 2차 조영수호통상조약으로 개정된다.

영국 상인들도 서울 들어갈 수 있고,
영국 함선도 조선 어디든
들어갈 수 있고 등등.

......

독일도 함께
비슷한 내용으로
개정함. ㅎ

최소한 서울로 보내는
공사는 전권 공사급으로
보내주시길;;

응. 아냐.
청나라 체면 봐서
총영사급으로 보낼 거야.

하, 영국놈들 협상은
얘기만 들었는데, 겪어보니
찐이네 찐이야.

이런 영국의 처사에
고종은 상당히 불쾌.

저 치졸한 영국놈들 &
더러운 이웃 나라들에 비해
비교적 준수한 조약을 맺고,
달리 불리하게 고치려고도 않는
미국은 실로 정의지국이 아닌가!

○○,
사실입니다.

웰컴!
미국에서 조선을 존중해
끕을 높혀 전권 공사를
보내주셨구랴~

예, ㅎㅎ,
조선에서도 미국에
공사를 보내주시죠.

1883년 5월,
초대 주한 미국 공사 푸트가
전권 공사 자격으로 착임해
고종을 흡족케 한다.

상주 공관 개설할
여력은 없어서리;;

**초대 주한 미국 공사
루셔스 H. 푸트**

뭣보다
청나라 눈치 때문에
외국에 공사 파견하는 건
좀 부담스럽다랄까….

상주 공사 파견이
부담스러우시면 일단
방문 사절이라도
먼저 보내보시죠.

그리고
베트남 문제 때문에 지금
청나라는 조선에 딱히 신경 쓸
경황이 없을 겁니다.

**외무아문 협판
(외교부 차관)
묄렌도르프**

ㅎ? 목협판은
청나라의 끄나풀 아니었소이까?
어찌 청의 의중에
어긋나는 행보를?

끄나풀은요 개뿔,
지금 월급 주는 나라에
충성하는 게
당연합죠~ ㅎ

그리하여
미국에 공사 파견에 대한 답례 격으로
보빙사 사절단을 파견하기로.

사절단 인원 구성은
장차 조선을 이끌
차세대 젊은 엘리트들로
꾸려야겠죠.

미래 권력의 새싹들이
최첨단 서구 문물을
듬뿍 접하고 오도록.

그리고 그 새싹들이 자라나
개화의 꽃을 피우고
조선을 근대화로 이끌도록!

그리하여 보빙사 사절단을 이끌
단장-정사에는 민씨 정권의 황태자
민영익을.

민영익(23세)

부사에는 前영의정
홍순목의 아들 홍영식을.

홍영식(27세)

종사관에는
서광범

수행원에 변수, 유길준

서광범(24세)　　　변수(22세)　　　유길준(27세)

경호 무관에
최경석

민영익의 시종
현흥택

역관
고영철

묄렌도르프가
붙여준 통역사
오례당

보빙사 여행 경비는 다
미국에서 지원한다니,
더더욱 미국의 인의가
두터움을 알 일이다.

1883년 7월
보빙사 일행은 인천에서
미국 함선 모노카시호를 타고 출항.

일단 일본에 들러야 함.

일본에서
보빙사 일행을 맞은
주일 공사 빙엄은—

사절단을 안내할 미국 측 인원을 붙여드리리다.

안녕하세요우~
조선말 열심히 배우고 있습니다~

퍼시벌 로웰(28세)　로웰의 비서
미야자키 쓰네지로

이건 좀 다른 얘기지만, 화성에 사람이 산다는 얘기 들어보셨나요?

○○. (경기도) 화성에 사람 많이 살죠.

(로웰은 훗날 화성 운하설을 주장하며 화성인 빌런이 된다.)

역시!!
그럴 줄 알았어!

영국 화이트 스타社의
첫 번째 철제 여객선.
아라빅!

1883년 8월 보빙사 일행은
태평양 횡단 정기 여객선
아라빅호를 타고 샌프란시스코行

뱃여행을 이렇게
우아하게 할 수 있다는 건
정말 놀라운 일이군요.
이런 여객선이 장사가 된다니….

상하이–샌프란시스코 노선이
이리 흥할 만큼 미국과 동양을
오가는 사람이 많다는 거죠.

9월 2일 보빙사, 샌프란시스코 도착.

도시 이름이 스페인어인
이유는 미국이 멕시코에게
빼앗은 도시이기 때문이죠.

흠, 미국이 마냥
정의지국은
아닌 모양이군요.

미국 분들 호의 덕분에
호화 여객선 타고
편하게 왔습니다~

샌프란시스코에서
시장단의 성대한 환영회.

23년 전에는 일본인들이
아주 개고생하며 왔었죠.

처음 접한
서양 도시의 융성함과 숙소인
샌프란시스코 팰리스 호텔의
웅장함에 감탄.

8층 건물이면 계단 오르내리기 힘들지 않을까?! ;;;

엘리베이터라는 게 있다지요.

방마다 갖춰진 욕실과 상하수도 설비에 감탄!

강철 용의 배 속에 편히 앉아 바람처럼 대평원을 가로지른다!!

Transcontinental railroad

샌프란시스코에서 대륙 횡단 철도를 타고 워싱턴으로.

근데 대통령이 워싱턴이 아닌 뉴욕에 있어서, 다시 뉴욕으로.

9월 17일 보빙사 뉴욕 도착.

다리를 이렇게 크게 만들어야 할 일인가?!!

4개월 전 개통한 브루클린 대교.

브루클린 대교 건설에 참여한 중국인 노동자 마을이 뉴욕 차이나 타운의 시초가 되었지요.

9월 18일, 애버뉴 호텔에서 아서 대통령 접견.

미리견 프레지던트를 뵈옵니다~

체스터 A. 아서 대통령

카펫이 깨끗해서 다행이군요;

조선에 팔 만한 물건 뭐 있을까요~

보빙사는 뉴욕 유지들의 환영 리셉션에도 가고,

일단 커피 프랜차이즈 사업이 유망합니다.

I don't take coffee, I take tea, my dear~🎵

뉴욕의 우편, 전신 산업도
둘러보고

I like my toast
done on one side~♪

스테이크도
썰어보고

And you can hear it in my accent when I talk~🎵

센트럴 파크도 둘러보고

I'm an Englishman in New York~♪

병원, 금융 시설도
시찰하고

See me walking down
Fifth Avenue~🎵

해군 공창, 방적 공장 등
산업 시설도 둘러보고

A walking cane
here at my side♪

해병대 사열도 받아보고

I take it everywhere I walk~♬

I'm an Englishman in New York~♬

보스턴 박람회에도 들르고

2차 산업혁명은 전기가 주도합니다!

에버렛 프레이저
(조선의 駐뉴욕 명예 총영사)

화려한 뮤지컬도 관람하고

Oh, I'm an alien, I'm a legal alien
I'm an Englishman in New York~♬

몇 년 전부터 유행인 전기조명이죠.

번쩍번쩍 휘황찬란 쩔어요!!

Oh, I'm an alien, I'm a legal alien
I'm a Koreanman in New York~♬

여기서 유길준은 미국 유학을 결정.

이게 진짜 문명 세계다;

보스턴 거버너 덤머 아카데미에 입학한다.

일정을 마친 보빙사 일행에게 아서 대통령은 호의를 베푸니―

여기서 바로 귀국하지 말고, 동쪽으로 향해 유럽을 둘러보고 귀국하시면 어떻겠습니까? 비용은 미국 정부가 대지요.

아이고, 이런 후한 호의 감사히 받잡겠습니다～

민영익은 이를 받아 유럽으로 향하는데―

접빈을 맡은 포크 소위가 유럽을 거쳐 조선까지 동행하기로.

부사 홍영식은 유럽으로 가지 못하고 나머지 인원들을 인솔해 왔던 길을 되짚어 귀국한다.

……

민영익, 서광범, 변수는 함선 트랜튼호를 타고 유럽行

어휴, 티켓이 3장뿐이라서요～ 그러니 정사, 부사가 팀을 나눠 찢어질 수밖에 없죠.

혹자는 미국에서 홍영식과 민영익이 결정적인 정치적 견해 차이로 결별해 찢어졌다고도 한다.

…우리 조선도 곧 개명한 자주독립국이 되어 태극기가 저 깃발들 사이에 나부낄 날이 오겠지요.

아니, 그러면 뭐 지금은 조선이 자주독립국이 아니란 말씀이오이까? ㅎ;

자주독립국은 개뿔, 청나라가 군대와 다루가치 파견하고 감 놔라 배 놔라 하는 청 간섭기! 청의 속국이잖소이까!

어휴;; ㅎㅎ;

자, 좀 들어보시오.
조선이 청에 신속한 조공국임은
동양 유교 중화질서 내에서의
사실이죠.

따거~

하지만 근래 조선이 세계 무대에서
만국공법상의 자주국가로 세계 각국과
주권국가로서 조약을 맺고 있는 것도 사실이죠.

○○. 법적으로 자주국가하고만
맺을 수 있는 조약들이죠.

이는 형식상 실로 내왕외제!

內王外帝

전통 중화질서라는 우리네
동양 리그 안쪽에서는 중국 황제
아래 조선 왕으로 포지셔닝하고.

IN   OUT

저 바깥 세계
만국공법 체제에서는
대등한 황제국이나 마찬가지로
행세하는 것이니.

거 무슨 말장난이오이까;
형식상의 문제만이 아니라
실질적으로 청군이 서울 한복판에
주둔하고 청의 신하들이 조정을
감시하고 있잖소이까!

아아,
그건 또 그거대로
있을 법한 일이니.

조선이 유교 이념과
지정학적 역학 관계상 어쩔 수 없이
청 간섭 아래에 들게 된 것은—

마치 훗날 냉전기 동구권 국가들이
바르샤바 조약기구 체제 아래에
묶여 있는 것과 비슷한 일이외다.

역시 이념과
지정학적 역학 관계로
소련 간섭 아래에 있다.

이들 국가들이 소련의 위성국이라
칭해질지언정, 독립국으로서
외교적, 법적 지위는 결코
훼손되지 않았소이다.

UN 회원증도
있다고요.

그러니 조선의 현 상황도 대충
유교 바르샤바 조약기구 아래의 처지와
비슷하다고 여겨질 수 있겠지요.

(그리고 언젠가
기회가 닿으면 바로
소련의 중력권에서
탈출할 희망이 있겠죠.)

ㅇㅇ

청나라를 소련에 갖다 대다니
그 무슨 억지 궤변이오이까.

소련은 그 강대한 힘이
그 우산 안팎으로 미침에
부족함이 없었건만,

청에 신속, 복속한
주변국들의 운명을 보시오!

류큐와 베트남은
국가 멸망에 이르게 되었고

티베트는
청의 종주권 주장 아래에 놓였는데!

이를 모르지 않을 민 공께서 그리 말씀하심은
임오군란 때 민씨 정권을 구해준 것도 청군이요,
현재 민씨 정권을 지탱하는 무력 기반도
청군이기에 그러시는 거 아니오이까?!

쿳; 막말이
심하시오!

어쨌든지
민영익과 결별하고
먼저 귀국길에 오른 홍영식은
오는 길에 일본에 들르고.

일본에서 만나야 할
사람들이 좀 있지.

일본에 와 있던
김옥균과 접선

…그리되었습니다.

소~까~

역시 아무리 개화사상을 가졌고,
서양 물을 맛봤다 한들,

정권의 황태자는 결국에는 자기네
권력의 논리로 기울 수밖에 없겠죠.

So, 같이 가기에는 너무 큰
저쪽 거물은 절교 외에 다른 수를
낼 수 없겠군요.

제 2 장

유신 Loan

묄렌도르프는 조선의 관세 업무를 총괄하는 해관장이자,

서양과 외교를 주관하는 외무아문 협판이며,

묄렌도르프의 비서 당소의

이제는 재정 고문 역할로 화폐 정책까지 맡아야 할 판국임;

재정 위기가 계속되어서, 서양에서 뭘 들여오는 서구화 정책은 고사하고 기본적인 국가 운영도 간당간당하다고요;

어휴, 님 신용 등급이 개판이라 대출 한도가 이거밖에 안 되겠네요;

하. $!@#$

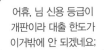

So, 일단 당장 급한 불을 끄려면 역시 동전을 가지고 어떻게 해봐야겠지요?

민태호
(민영익 아빠)

액면가 100배였던 당백전은 에바였으니, 이번에는 적당히 액면가 5배인 당오전을 발행하면 좋을 듯하옵니다.

1883년 재정난 타개를 위해 당오전 주조가 추진되고.

그러면 그건 민태호 대감이 맡아서–

아니되옵니다!! 이제 더 이상 그런 구시대적 구리 코인 장난질은 그만!!

우부승지 김옥균

당백전, 청전으로 인한 그 난리를 겪고도 또 액면가만 올린 구리 동전을 찍어내겠다니, 어찌 천하가 비웃을 일이 아니오이까!

나라가 코인 장난질 주범이여;

오, 은본위제! 선진적이다!

이제 조선도 어떻게든 은을 준비금으로 갖추고 이를 바탕으로 지폐를 찍어내야 합니다!!

(그리고 지폐 수량을 보유 은에 꼭 맞게 정직하게 찍어낼 필요는 없…)

아니, 이 초가삼간에
은이 어딨다고
은본위제여?!

일본에서
꿔오면 됩니다!!

이자는 어케
낼 건데?!

그 돈으로 투자해서
고래잡이도 하고
이것저것 사업해서
갚을 겁니다!!

ㅇㅋ, 그러면 당오전도 발행하고,
일본에서 차관 도입도
추진합시다.

민태호 대감과 묄협판이
돈 찍어낼 신식 전환국을
맡아주시고─

김옥균이는
동해 내려가서 고래도 잡고
일본가서 돈도 좀 꿔오도록.

옙!
맡겨주십쇼!

(그리고, 이 대일 차관 도입은 조선이
청나라의 간섭에서 벗어나는 데
일본이 얼마나
도움을 줄 수 있을지에 대한
성의의 바로미터라는 거
알고 있겠지?)

옙옙, 일본은 분명
성의 표시를 할 겁니다.

포경사 직함을 달고 동해로
내려간 김옥균은

그리고 그대로 1883년 6월 일본으로 건너가는데,

이는 보빙사가 미국으로
떠나던 딱 그 시점.

1883년 7월에는 이와쿠라 도모미 장례식에 조문.

일본
장례식장 육개장은
밍밍하네요.

하, 또
돈 빌려달라고
오셨소?

외무경 이노우에 가오루

ㅇㅇ.
300만 엔만
땡겨주세요.

일본 1년 국가 예산이
7600만 엔인데
잘도 그런 숫자를
부르시는구랴….

조선에서
일본의 영향력을 키우려면
이번에 차관을 좀
제공하시는 편이–

하, 조선에서 영향력
키우고 싶지 않고요–

청나라를
견제해야–

청나라랑은 그냥
무탈하게 아무 일 없이
지내고 싶고요–

것보다 작년에 빌려간
17만 엔을 어떻게 쓰셨는지 좀 알아보니,
뭔 쇼핑도 하고, 사기도 당하고 등등–
결국 그냥 일본에서
다 탕진하셨다던데….

· · · · ·

호다닥

034

떠오르는 이머징마켓 조선! 대출 승인 지르시죠!! 근대화 할거니까!!

저 인간 좀 스캠 냄새가…

김옥균은 **영국과 미국 루트를 통한 차관도 모색해 봤지만**

당연히 실패하고.

ㅇㅇ. 돈 받아다가 바로 뭔 사고 치려는 느낌만 충만합니다.

하아~ 일본 정부한테도 까이고, 여기저기 다 까였네요.

일본 정부가 조선의 지사를 냉대해도 재야 세력은 그 뜻을 귀히 여긴답니다.

후쿠자와 유키치

잉, 후쿠자와 선생님이 재야 세력이라고요? 친정부 인사 아니셨나요?

어허,
이 몸은 언제나 권력의 반대편에서
준엄한 비판을 업으로 삼는
지식인이올시다.

일단 근간 일본 정치 돌아가는
꼬라지를 살짝 살펴보셔야겠군요.

5년 전인 1878년
오쿠보 도시미치 암살 후,
이토 히로부미가 후임 내무경으로
정권 수반이 되었는데-

실상은
선임 참의이자 대장경인
오쿠마 시게노부와의
연립 정권이나 마찬가지죠.

이토
히로부미

오쿠마
시게노부

이 정권이 삿초 번벌 독점 정권이
아니라는 걸 보여주기 위해
非삿초 계열을 대표하는
오쿠마가 얼굴 마담을 해줄
필요가 있다랄까….

타는 목마름으로
부른다!
데모크라시여!

정권에서 밀려난 유신지사들은
도사 계열을 중심으로 데모크라시-
자유 민권 운동으로 노선을 잡았지요.

이타가키 다이스케   고토 쇼지로

이들은 1881년에는 드디어 '자유당'을 창당하고
헌법 제정과 의회제 도입 운동을
전국적으로 펼쳐나갑니다.

세금 있는 곳에
대표 있다!

지방 민회로
데모크라시 경험을 쌓아가는
농촌 부농 계층이 자유당의
적극 지지층이 됩니다.

전국 각지에서 자유당 당원들이
데모크라시 강연을 전개.

님이란 무엇입니까!
님은 바로 데모크라시 낙원을
말하는 것입니다, 여러분!!

이러한
헌법 제정-의회제 도입 운동에 대해
정권 내에서는 오쿠마가 적극 찬동.

영국식 입헌제 가야죠!
의회 정당 정치!
EU탈퇴!!!

으음; 확실히
헌법과 의회가 필요한
시점이 오긴 오고 있는데….

헌법, 의회 제도 미만 잡이지.

야~ 만~

미~ 개~

쿳;

서양 제국이 일본과 불평등 조약을 개정하지 않는 이유 중의 하나가 헌법과 의회제의 미비 때문이니…

슬슬, 헌법 제정과 의회 개설을 위한 일정표에 대해 준비를—

데모크라시라니! 그 무슨 역적돋는 망발이오이까?!

음?

데모크라시 = 민주주의! 백성이 나라의 주인이라니?! 천황의 신하가 감히 입에 담을 수 있는 단어인가?!

구로다 기요타카

오쿠보 사후 사쓰마 번벌의 수장이 된 구로다가 헌법과 의회제 도입에 극렬 반대했다.

이에 1880년대 초반 일본 정치 지형도는—

재야 세력

헌법 제정! 의회 개설!

언론, 지식인, 자유당　　후쿠자와　이타가키　고토

1881년 여름 홋카이도 개척사 스캔들이 터진다.

여론은 온통
구로다 성토로
끓어오르고.

분노한 구로다가 음해 주체로 오쿠마를 지목하면서
구로다와 오쿠마의 갈등이 극에 달하게 되고.

구로다가 홋카이도의
둔전병들을 몰고 내려와
난을 일으킨다는
소문까지 돌고.

헌법, 의회 도입을 두고 전개되는 국론 분열은
점점 걷잡을 수 없는 수준으로 치닫는다.

하자!
데모크라시!

역적은
죽여도 돼!

…그래, 이런 난국을
해결하라고 내가
이 자리에 있는 거지….

1881년 10월 12일
이토는 단칼에 사태 정리에 나선다.

오쿠마 퇴진!!!

구로다도
퇴진!!!

개척사 자산
민영화 중지!!

그리고 가장 중요한 게!
헌법 제정과 의회 개설은
앞으로 9년 후인 1890년에
딱 하기로 시간표 확정!!
천황의 칙유다!!

1890

이것이 바로 '메이지 14년(1881년)의 정변'!

So, 앞으로 9년간 헌법이니
의회니 뭐니 떠들지 말고
셧 더 마우스들 하고 있을 것.

읍,읍…

헌법과 의회에 대해서는
내가 유럽에 가서 직접
공부하고 올테니
다들 닥치고
기다리고 있으세요.

그렇게 사태를 정리하고
이토는 1882년 3월
유럽으로 1년 반의
헌법 조사 유학을 떠난다.

(그 헌법과 의회라는 건
아무래도 영국식보다는
독일식이 나을 듯…)

동급 정치 거물들
다 날리고 자기는 외유로
살짝 몸을 빼다니;;;

그렇게 가장 큰 테마인 헌법과 의회에
대해 입막음 당한 재야 세력은─

입 닥치고들 있으라는
천황 폐하 칙유를
어기면 안 되겠죠?

때마침 조선에서 터진 임오군란을
계기 삼아 국외 문제로 전선을 옮겨
정부에 질타를 쏟아내기 시작한다.

정부는 조선에 군대
안 보내고 뭐 하나?!!

중국에 쫄았나?!

전쟁 각오하고
출병하라!!!

아니; 이런 미친
데모크라시
호전광놈들을 봤나;;

So, 일본 정부는
김옥균 같은 모험주의자들을
멀리하려 하는 데 반해

청 간섭기에서
벗어나려고 하니
지원좀요!

워; 무리 ㄴㄴ;

재야 세력은 국외의 작은 불씨 하나에도
적극 호응하며 밀어주는 모습을 보이는 것이다.

타올라라!
조선!!

정부가 휘말려 들어 곤란해질 국외에서의 큰 트러블이
재야 세력의 정치 공간을 넓혀줄 수 있다는 계산도 있을 것.

뭐, 그런 차원에서
재야의 거물 인사와
큰 이야기를
나눠보시지요.

어휴, 거물은요
무슨~ ㅎ

료마와 미쓰비시 재벌의 뒷배!
쇼군에게 대정봉환을
직소한 바로 그 사람!
유신 공훈 탑 티어!

자유당 지도자
고토 쇼지로 공!

조선에서도 유신 한번
진행해 봅시다!

제 3 장

100만 엔
에스포와르

조선의 독립과 근대화는
이제 범상한 방법으로는
이룰 수 없습니다!

무력으로
친청 민씨 정권을
타도하는 쿠데타뿐입니다!

헌데 일본 정부는 차관도 거절하고
우리 개화당을 백안시하니 일을
어찌 이룰 수 있을지 걱정입니다.

거사 자금도,
거사를 지도할 인력도
부족한 상황이지요;;

걱정 마시오!
돈이 문제라면
이 고토 쇼지로의 신용으로
100만 엔은 땡겨보겠소이다!

인력은 우리 자유당 장사들이
언제든 현해탄을 건널 것이오.

메이지 시기,
나름 뜻을 품고 떠돌며
정치적으로 활동하며 동원되는
자유당계 협객-백수-낭인류를
'장사'라 불렀다.

壯士

원, 그래주신다면 고토 공께서 부디 조선으로 건너오셔서 조선의 국사가 되어주시길 청합니다!

그러면, 저는 조선으로 돌아가 좋은 소식 기다리며 거사를 준비하고 있겠습니다.

아아, 조선 국왕 전하께서 신임을 주신다면야 언제든 건너가 조선 유신을 지도해 드리겠소!

○○. 세계사에 이름을 남겨봅시다!

· · · · · ·

100만 엔을 땡기다뇨;; 그 돈을 어디서 구합니까;; 미쓰비시 재벌이 나서도 무리일텐데;

조선 정변을 100만 엔에 사려는 수요도 분명 어딘가엔 있다는 거죠.

아아, 세상만사에는 모두 수요와 공급이 있기 마련이에요.

1884년 5월 김옥균 귀국.

일본놈들이 대출
거절했단 말이지….
임오군란 배상금 탕감도
안 해주고….

;;; 그래도 나름
명망 있는 정치인들이
조선에 우호적인 방향으로
국정을 이끌어주겠다고—

아, 뭐 됐고, 일찍
들어가 쉬시오.

임금의 신임도가
10 하락했습니다.

아오!! 차관 도입도 실패하고!
군자금도 못 얻어오고!!
일본 왜 간 거예요?!

박영효

뭐, 일단 지금 우리한테
있는 걸로 잘 해봅시다. ㅎ;

우리한테 있는 것도
다 날리고 있다고요!

님이 일본에 있는 동안
난 광주유수직 맡아
남한산성에서 우리가 쓸 병력
100여 명을 열심히 양성했는데!

1883년 4월 박영효,
광주유수&수어사로 착임.

일본인 교관까지
초빙하고!

그리 군사 키워놓으니까
민씨 놈들이 그 병력 불러다
친군영으로 통합해서
냘름 먹어버렸다고요!!

어휴, 병력 잘
키우셨네요.

1883년 11월,
박영효 해임.

죽쒀서
개줬네!!

군사들 장비
다 서양식으로 맞춰주느라
서울 집까지 팔았는데!

뭐, 그 군사들이
친군영으로 배속되었어도
우리 개화당 라인이라는
근본을 잊지는
않을 것입니다.

그리고 함경도 남병사로 간 윤웅렬 장군이
거기서 우리 측 군사 400여 명을
키우고 있으니, 그 병력이면
충분히 거사를 치를 수 있을 겁니다.

윤웅렬(윤치호 아빠)

…김옥균이 일본에서
빈손으로
돌아왔단 말이지…;;

그리고 일본 육군 학교에 입학시킨
우리 생도들 14명! 걔들이 귀국하면 다
신식 군대 장교로 임관할 것이니,
걔들이 맡을 부대도
다 우리 병력이 될 겁니다!

하; 의대 가고
싶었는데;

서재필(20세)

아니, 그리 모아봤자,
서울의 청군을 제압하는 건
불가능하잖소이까?!

아아, 일본의 고토 공이
잘 움직여 준다면 청군을 충분히
제압할 만한 지원이 있을 것이외다.

으의?

오하요~

1883년 9월,
통킹 위기가 격화되던 무렵
도쿄에 착임한 프랑스 대리 공사
조제프 A. 시엔키에비츠.

※ 폴란드계다.

어떻게 프랑스 사람 이름이
시엔키에비츠;;

당시 프랑스 외교관들이 당면한
가장 큰 퀘스트는—

동네 사람들!
내가 이제 저 야만
중국놈과 싸울 건데,
서양 각국은 당연히 서양 문명
크리스천 형제국 편들어 줄 거죠?!

청불전쟁에 임하면서 프랑스에 대한
외국의 지지를 득하는 것이 가장 큰 과제.

어휴,
뭔 또 쓸데없는 전쟁이여~
유럽 문명국들은
평화를 사랑한다고요~ ㅎ

하지만 비스마르크의 프랑스 왕따
천라지망이 펼쳐져 있는 형국인지라,
동맹국을 찾기 어려움.

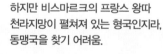

크읏;

이렇게 편이 없으면
나중에 전쟁 이기고 나서도
크게 이득을 얻기 어렵지;;

그런데 여기 일본이 청나라와의 전쟁에
보조를 맞출 가능성이 꽤 엿보인다?

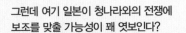

언젠가 중국을
치는 건 숙명….

중국과의 전쟁에
일본이
도움이 되려나?

뭐 일단, 육군만
놓고 보면 나름
쓸 만할 듯도 합니다.

서양식 징병제 군대를 만들어서
현재 육군 병력 4만 정도가
갖춰진 듯합니다.

징병제인데
4만밖에 안 된다고?

징집률이 3%
정도거든요.

장남, 학생, 안경잡이,
국방헌금 납세자, 환자 등등
다 빠지고,

진짜 가장 건강하고
가장 가난한 애들
3%만 군대가는 거죠.

특이사항으로는 1882년에
군인칙유를 반포했습니다.

일본군은
천황의 군대!

국민군도, 일본 정부 소속도 아닌,
오로지 천황에게만 충성하는
부외 조직임을 명시한 거죠.

음, 헌법보다
저런 게 먼저
나오다니;;

뭐, 아무튼 함께
청나라 바르자고 찔러볼 건덕지가
충분할 것 같군.

이 일본 외무성 건물도
프랑스 건축가가 지은 게지.

어휴, 이번에 군대를 사단 체제로
업그레이드하실 거라면서요?

프랑스 군사 고문단이 확실하게
컨설팅해 드리겠습니다!

시엔키에비츠는 일본 측에
여러 감언이설을 제시.

흠….

무기 업그레이드할 군수 공장 건설 등에
프랑스 첨단 기술 지원과 투자를
아끼지 않겠습니다! 거, 왜 요코스카 군항도
프랑스에서 만들어준 거잖아요. ㅎ

뭣보다,
이번에 프랑스와 함께
대청전쟁에 나선다면,

불평등 조약을
개정해 드리겠습니다.

헉!

이건 세다;;;

이번에 유럽 일진 프랑스와 함께
중국을 처바르고
불평등 조약 개정하시죠!

프랑스가 일본을 열강 사교계로
이끌어 드리겠습니다!

와; 너무 솔깃한
제안이잖아;;

너무 유리한 떡밥이라
좀 현실감이 안 드는데;;

어차피 언젠가 지나(china)와
일전을 벌여야 할 건데!

이번에 프랑스를 동맹삼아
해치울 수 있다니, 이 천재일우의
기회를 어찌 놓칠소냐!

불일동맹!
르노-닛산!

**언론, 논객들도
프랑스와 손잡고
청을 칠 것을 부르짖고.**

프랑스에서
자포니즘도
인기랍니다~!

**일본 조야의 여론이
거의 불일동맹 대청참전 쪽으로
기운 분위기까지 갔었는데—**

프랑스 버스
탑승하고 꽁승 챙기고
티어도 올리고….

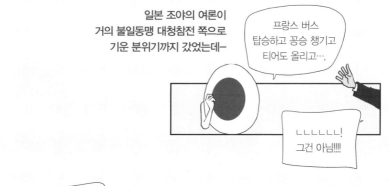

ㄴㄴㄴㄴㄴㄴ!
그건 아님!!!!

프랑스의 제안은
독이 든 성배!
유혹에 넘어가지 마시오!

독일 유학 다녀온
독빠(&영빠)
이토 히로부미

나제?;;

우리가 유럽에서 후견인으로 삼아야 할 나라는
영국이나 독일이지, 지금 왕따 포지션에 놓인
프랑스가 아니라고요!

찐따가 어리버리 꼬맹이
하나 잡고 친한 척한다. ㅋ

사교계 진출은 첫 단추를 잘 끼워야 하는 법!
작금의 프랑스는 도움이 될 만한
후견인이 전혀 아니야!

군제 업그레이드에 면에서도,
이미 독일 육군을 따르기로
방침이 정해졌고,
독일 군사 고문단에
초청장까지 보내놨고만!

그 사단이라는 게 원래
프랑스에서 처음
만든 거거든요.

보불전쟁 처발린 찐따가
뭐라 중얼거리는지
잘 안 들리는데요? ㅎ

그리고 오쿠마의 뒤를 이어 대장경이 된
마쓰카타는 초긴축 정책, 지폐 소각을 추진 中!
도저히 전쟁에 나설 재정 상황이 아니다!

오라! 달콤한
디플레이션이여!!

뭣보다 저 근본 없는 '공화국'
프랑스와 동맹은 국내
데모크라시꾼들의
기세를 살려줄 악수.

일본은 외교로는 영국,
기풍으로는 독일을
따라야 한다.

불빠는 요리,
예술 쪽으로만
한정하자.

일본 측은 결국
청불전쟁 개입 불가로
방침을 정한다.

大프랑스의 (5)
손을 거절하다니 (7)
건방진 잽스 (5)

교섭 결렬 후의 센류.
시엔키에비츠. 1884.

워, 아직 속단하긴 이르답니다!
우리 자유당은 쥬뗌므 프랑스예요!

그 상황에서 1884년 중엽 이후
자유당 쪽에서 프랑스 공사관에 접근.

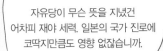

자유당이 무슨 뜻을 지녔건 어차피 재야 세력. 일본의 국가 진로에 코딱지만큼도 영향 없잖습니까.

워, 워, 일본 사무라이들의 천년 전통 일발 기책을 얕보시는군요.

일본을 청불전쟁 개입으로 이끌 확실한 기책이 있습니다!

〈조선, 호랑이 그리고 물귀신들〉 대작전!

으읙?

위?

조만간 조선에서는 친청 민씨 정권을 엎으려는 친일 개화당의 쿠데타가 발발할 예정입니다.

Coup d'État!!
(쿠데타!)

이러한 친청파,
친일파 간 내전은
물귀신처럼 조선에 있는
청군과 일본군을
끌어들여 양측 간 교전을
불러올 것이고,

이는 결국 조선에서 일본이 청과의 전쟁으로
얼레벌레 말려들게 될 것임을 뜻합니다!

그렇게 자연스럽게
일본은 청과 싸우며 프랑스의 품에
안기게 될 것입니다!

쿳;;

또한 지도를 볼작시면,
조선은 중국 수도권을
바로 들이칠 수 있는
지정학적 요지!

베이징

흠;;

일본과 프랑스, 조선
모두에게 좋은 일이 될
천하 기책!

프랑스 공사관은 자유당 쪽 제안에
호응하는 듯 폼을 잡았지만,

프랑스 공사관의 짬 처리 결정에도
불구하고 고토는 프랑스 쪽 지원이
있을 것처럼 기세 좋게 허언을 뿜어댔고.

오오~ 메르씨~!!
나중에 프랑스 유학생
많이 보내야겠군요!

이는 김옥균의 오판에
꽤 영향을 끼쳤으리라 여겨지는데,

호재다 호재!! 실로
천지신명과 프랑스까지
모두 돕는 거사로구나!

그 무엇보다
가장 큰 호재는-!

1884년 5월,
서울 주둔 청군 사령관 오장경,
서울의 청군 3000 中 절반인 1500을
데리고 청으로 철수!

이태원에서 빈둥거리기에는
본진이 너무 위험하다;;

굽씨의 오만잡상

1883년에 일본에 온 주일 프랑스 공사 조제프 A. 시엔키에비치는 그 이름에서 알 수 있듯 폴란드계 프랑스인입니다. 《쿼바디스》의 작가 헨리크 시엔키에비치가 같은 성씨지요.

주일 공사 시엔키에비치의 아버지 카롤 시엔키에비치는 1830년 폴란드의 11월 봉기 때 러시아 제국의 박해를 피해 프랑스로 망명 온 지식인이었습니다. 지식인 가문이었으니 자식도 훌륭한 외교관이 된 거겠지요. 이처럼 19세기 전 기간에 걸쳐 망국의 비애를 안고 프랑스로 건너온 폴란드인들 중 상당수가 상류층, 지식인들이었습니다. 파리코뮌의 군사령관이었던 동브로프스키 장군, 쇼팽, 퀴리 부인 등 굵직굵직한 이름들이 역사에 남아 있습니다.

러시아, 독일, 오스트리아 등의 주변국들이 폴란드에게는 불구대천의 원수들인데 반해, 한 다리 건너에 위치한 프랑스는 언제나 폴란드의 우호국이었고, 문화적으로도 영향력이 큰 나라였지요. 나폴레옹이 폴란드 독립 국가 건설을 도와주는 시늉을 하기도 했고, 자유주의 이념의 본산인 파리는 19~20세기 폴란드 민족 운동에 지속적인 호의를 표했습니다. 하지만 이 만화의 타임라인상 곧 진행될 러불동맹은 많은 폴란드 사람을 실망시키게 되겠군요.

제 4 장

파워 밸런스

오장경은 청군 절반을 데리고 철수하며
서울에 남는 청군을 원세개에게 맡긴다.

상황 오판하는 놈들 없도록
확실히 살피도록.

옙!

(귀국 두 달 후 사망.)

…대외적으로는
1500을 남긴다고 했지만,
실제 잔류 병력은
1000 이하인데;

이걸로 서울을 거머쥐고
있는 게 가능할까요;;;;;

당소의(24세)

아, 당연히 서울에는
우리 편 조선군 병력이 있으니
참가능하지!!!

임오군란 후 와해된 조선의 중앙군은
청군의 지도를 통해 '친군영'으로 재건.

그래서
청별기라고도
불리지요.

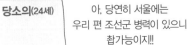

스나이더 소총으로 무장.

청 장교들에 의해 청군 방식으로 양성된
친청파 부대! 유사시 청군을 돕는
든든한 전력이 될 것이다!

혹시 프랑스놈들이 황해 공략 작전으로
한반도를 들이칠 경우를 대비해서는,

강화도의 舊진무영과 지역 수군들을
'해방영'이라는 신군으로 재편,
수도권 해안 방위를 맡긴다.

병력 약 1100명

물론 진짜로 프랑스군이 쳐들어온다면,
저걸로 막는 건 택도 없는 소리겠지만.
서울의 유사시에 동원 가능한 병력이다.

그리고 일단 이 민씨 정권 스스로가
자기네 권세를 지키기 위해
온갖 자위책에 매진하고 있으니,
딱히 우리 청군까지 나설 일은 없을 것이야~

음… 조선인들이 청군 철수와
청불전쟁에서 청군 약세로
불안해 하고 있던데….

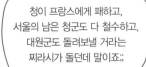

청이 프랑스에게 패하고,
서울의 남은 청군도 다 철수하고,
대원군도 돌려보낼 거라는
찌라시가 돌던데 말이죠;;

변란 각
날카롭다;;

우리 스스로를 지킬
무력을 갖춰놔야….

So, 민씨 정권은 1884년 현재 중앙군인 친군영
지휘권을 확고하게 틀어쥐고 있다.

왕궁 금위군 역할인
친군 우영 사령관은
민영익

친군 右영
병력 600

친군 좌영사는
친청파 이조연

친군 左영
병력 800

박영효가 키운
일본식 군대와
원조 별기군을 바탕으로
설립된 친군 전영

사령관은
한규직

친군 前營
병력 560

해방영은 병조판서
민영목이
해방사무로 겸임
(왕비의 먼 조카뻘)

해방영
병력 1100

그리고 저 친군영 외에도
급할 때 요긴하게 쓸 수 있는
보부상 인원 수천 명.

나라에서 따로 돈들여 육성하지
않아도 이 행상 길드─보부상은
자체적으로 무장을 갖추고 있다.

이런 시국에 영업
돌아다니려면 리볼버
한 자루 정도는
차고 다녀야….

왕실과 대원군에게 충성했던 이들 보부상은
현재 민씨 정권에 충성하고 있다.

뭐, 언제나 현재 권력에
충성할 뿐이죠.

그리 정권의 사병, 하수인 노릇을 하며
지방 장터, 나룻터에서 백성들에게 삥을 뜯는다.

이런 장터, 나룻터
관리도 우리 보부상이
하는 거야!!

보부상을 관리하기 위해 설립한
혜상공국의 당상은 민태호. (민영익 아빠)

보부상이 카르텔처럼
행패 부리지 못하게
관리한다는 목적도
있지요.

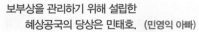

사실 임오군란 때도
보부상을 동원해
진압한다는 계획이
있었다고도.

보부상이 군대랑
싸워 이길 수 있을지
확신할 수 없었던지라. ㅎ;

신식 군대가 있으면, 신식 무기도 있어야죠.

1884년 전통 무기창인 군기시가 폐지되고 기기국이 새로 설립된다.

영선사로 청나라에 유학 보냈던 기술자들이 주축이 되어 운영.

기술자들이 귀국하며 중국에서 들여온 공작 선반과 증기 기관, 각종 도면들이 기기국의 기반이 된다.

일단 탄약 정도는 국내 생산 해보자.

주기율표에 새 한자로 쓰여진 금속 이름들은 발음을 모르겠네;;

한역된 각종 공학, 물리학, 화학 서적들도 들여와, 서양 신기술의 요체가 대충 알려진다.

그리고, 신문! 신문을 만들어서 바깥 세상과 신문물을 백성들에게 좀 알려얍죠! 조정 시책도 선전하고!

1882년 10월, 박영효의 제안으로 격주간 (10일간) 《한성순보》 창간.

윙, 그 조보 같은 건가.

이를 위해 인쇄기를 들여와 박문국을
설립하고 신문을 찍어냅니다.

《한성순보》 외에
각종 정부 간행물도
인쇄합죠.

물론 언론은
아무에게나 맡길 수 없는 것.
《한성순보》는 박영효가 맡지 못하고,
민씨 가문의 민영목이
총재가 되어 맡는다.

뀨잉;
군대도 뺏기고;
신문도 뺏기고;;

하지만 《한성순보》의 필진으로
훗날 오세창(오경석 아들), 현영운 등
개화파 인사들이 포진하게 되기에
그 논조는 꽤 개화파 쪽으로 기운다.

반청친일
여론 일으키기
……

서양의 멋짐을
모르는 백성들에게
어서 널리 알려야 해.

후쿠자와 유키치가 보낸 요원
이노우에 가쿠고로도 《한성순보》의
필진을 맡아 활동했다.

조정의 관보이긴 하지만
각종 외신을 퍼 날라와서 나라 밖
소식도 알려주고, 서구 문물도
열심히 소개해서 나름
읽을 만했다는 평도 있고.

100% 한문 신문이라
백성들에게 접근성이
떨어져 별로 인기
없었다는 평도 있고.

뭣보다 쌀 한 되에
5전 하던 시기에
신문 한 부 가격이
30전이라니, 가격이
너무 재미없었죠.

이같은 개화 분위기에 힘입어 1883년 원산에서 유지들의 노력으로 최초의 실용 학교인 원산학사가 개교.

뭐, 완전 근대 학교는 아니고 유학 공부 외에 군사학과 농공상 실용서를 가르친 학교로, 일본으로 치면 막부 말기의 번교와 비슷한 느낌이었죠.

그리고 1884년, 미국에서 돌아온 홍영식의 건의로 우편 제도 도입 결정.

우정국 설립으로 정보화 혁명 ㄱㄱ!

이 민족은 결국 배달의 민족으로 가게 되는 것이다.

뭐, 근대화 노력은 좋은 일이지만, 그 핵심인 군사력을 민씨네가 저리 꽉 쥐고 있으니, 대체 어떻게 우리가 정권을 탈취할 방법이 있겠소이까?!

그냥 우정국이나 잘 운영하고 싶으다….

박영효　　홍영식　　서광범　　김옥균

거사에 앞서,
군사력이라는
부분을 불작시면

· · · · ·

청식 부대인 친군 좌·우영과
일본식 부대인 친군 전영은
서로를 원수같이 여기며 반목하고 있습니다.

친군
좌·우영

친군
전영

아오, 일뽕 섀퀴들,
제발 자살 좀;

어떻게 사람 직업이
참깨 따까리;;

So, 친군 전영 사령관
한규직의 뜻과 상관없이,
친군 전영 장졸들은 마음으로는
개화당을 따르고 있어
사실상 우리 측 부대나
다름없습니다.

청과 민씨 척족을
몰아내기 위한 거사에
함께할 텐가~

그놈들 족치는
일이라면 저희가
선두에 서겠습니다!

애초에 별기군과 박영효 부대를
주축으로 만든 부대니까.

그리고 그간 나님이
개인적으로 강호에서 불러모은
50여 명의 협객, 지사,
은둔 고수들로 이뤄진 비밀 결사
'충의계'가 있습니다!

칼침 한 방으로
충군보국!!

일본 자유당에서 보내준
장사 몇 명도 있고.

각종 무기 사용법과
암살, 테러 등을
지도하러 옴.

음;; 육군 학교
1년 다닌 걸로
군사학의 묘리를
크게 깨우치진
못했지만….

1884년 7월,
일본 육군 학교에 가 있던
유학생 14명이 귀국해 친군영의
조련소 교관들로 착임했으니,
얘들이 엘리트 장교로서
병사들을 이끌겠죠!

뭣보다 우리 거사의
주력 병력은
윤웅렬 장군이 키운
신식 군대 470!!

아니;
함경도 북청에 있는
군대를 어떻게 거사에
이용한단 거임? ;;

그건 말이죠–

청군 철수로 뒤숭숭한 이 시국에
정예 북청군을 서울로 불러들여
친군 후영으로 삼으시면
얼마나 든든하시겠습니까~

북청군을
서울로 불러들이기 위한
공작이 진행되고.

흠….

현재 서울에서는 친청 사대당 쪽 군사력이 개화당을 압도하고 있다.

청불전쟁으로 슬슬 중국놈들 이빨 흔들릴 판인데…

서울에서 친청파 세만 너무 강하면 향후 임금이 움직일 공간이 좀 제약되겠지…

파워 밸런스를 좀 맞춰주는 것도 좋으려나…

ㅇㅋ! 윤웅렬은 북청군을 이끌고 입경토록 하라!

그 병력으로 친군 후영을 삼도록 한다!
전·후·좌·우 4개 영 딱 맞네~!

......

1884년 10월 윤웅렬, 북청군 병력 470을 이끌고 입경.

이로써 서울에서
친청 사대당과
친일 개화당의 군사력이
어느 정도 균형을 이루게 된다!

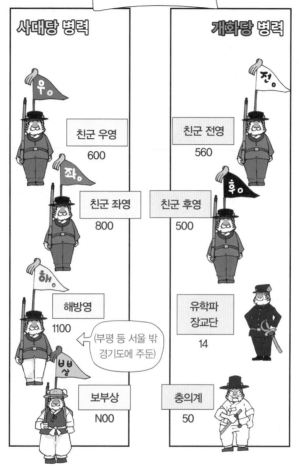

사대당 병력

친군 우영
600

친군 좌영
800

해방영
1100

(부평 등 서울 밖
경기도에 주둔)

보부상
N00

개화당 병력

친군 전영
560

친군 후영
500

유학파
장교단
14

충의계
50

뭐, 병력으로는
개화당 쪽이 조금 열세지만,
기습 쿠데타의 이점을 살린다면
충분히 초반에 대세를 못 박을 수 있다!

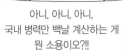

아니, 아니, 아니,
국내 병력만 백날 계산하는 게
뭔 소용이오?!!

거사 성패의 핵심은
청군 1500을 어떻게
막느냐에 있는 건데!!!

아무리 우리 병력으로
사대당 병력을 압도한다 한들,
한 티어 위에 있는 청군이
진압에 나선다면 도저히
당할 방도가 없잖소이까?!

흥~
귀엽다해~

음! 외국군의 개입은
외국군으로 막아야 하는 법!
그것이 EEJ!!!
J는 Japan의 J!

일본 공사관의 일본군
병력이 출동한다면 어떨까!

하잇~!!
일본군, 급히 오다!
오다는 Order의
오다!!

헐?!

하이고~말이 되는 소리를;;

일본 정부한테 까이고 돈도 못 빌려 왔으면서, 일본군 병력은 어떻게 빌린답니까?!

아아, 근간 일본 정부의 시그널이 꽤 우호적이에요.

조선 개화당 세력이,
일본 정부가 껄끄러워 하는
자유당 세력과 커넥션을
굳혀가는 모습이 보이니─

허허, 저 재야 운동권 떨거지들과 무슨 큰일을 논하신단 말이오~

일본 정부로서는 조선 내
가장 큰 친일 세력에 대한
영향력 관리에 신경을
아니 쓸 수가 없게 된 것.

일본 정부와 얘기하셔야지요. ㅎㅎ

So, 개화당에 대해
어느 정도 친밀도
관리에 들어간다.

뭐, 차관은 당장은 힘들어도 일단 임오군란 배상금 탕감 건부터 얘기해 봅시다. ㅎㅎ~

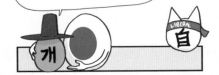

물론
외무경 이노우에는 여전히
김옥균을 싫어하지만.

그 인간
스캠이라고.

일본 정부가 저 햇볕을 거두기 전에
일본 공사관에 샤샤샥 작업을 쳐서
일본 공사를 구워삶는다면!

아주 잠깐일지라도 타이밍에
맞춰 일본 공사관 병력을
움직일 수 있을 것입니다!

마침 일본 공사가
입국했지요!

선비의 나라! 조선!
구마모토 선비에게
걸맞는 무대로다~!

1884년 10월. 일본 공사 다케조에,
출장을 마치고 조선 귀임.

주조선 일본 공사 다케조에 신이치로

굽씨의 오만잡상

박문국의 근대 인쇄 시설이 갑신정변 때 성난 군중에 의해 파괴되면서, 거기서 찍어냈던 《한성순보》도 폐간됩니다. 하지만 역시 인쇄소와 신문은 필요한 것이었기에 1885년 박문국이 재건되고, 신문의 인쇄는 최초의 민간 인쇄소인 광인사가 맡게 되었습니다. 그렇게 《한성순보》는 《한성주보》로 부활하게 되었고, 여기에 이노우에 가쿠고로가 다시 돌아와 역할을 맡았지요. 이 《한성주보》에서 한글 활자를 사용, 국한문 혼용체를 선보인 것이 후쿠자와 유키치의 건의였다고도 합니다. 이 《한성주보》에 1886년 실린 독일계 세창양행의 광고가 우리나라 최초의 상업광고였다고 하지요. 하지만 역시 가격과 내용에서 《한성주보》는 대중적으로 크게 인기를 끌진 못했고, 1888년 박문국이 외아문에 흡수되면서 《한성주보》도 폐간하게 됩니다.

제 5 장

쿠데타를
향하여

후쿠자와 유키치는 조선의 개화당에
돈은 못 보냈지만

내 특기인 언론을
이용한 여론전을 시전해 주지!

거기에 매우 적당했던 사건이
1884년 1월에 있었으니,

우리 사람한테
짝퉁 청심환을
팔았다해!!

아, 포장 다 뜯은 건
환불 안 된다고요!

청나라 병사들이 서울의 약국 주인 최택영과
청심환의 품질 문제로 다툼을 벌이다가ㅡ

청심환 값은 납탄으로
치러준다해!!!

청나라 병사들에 의해
최택영의 아들이 피살되고
최택영은 중상을 입는
최약국 사건 발생!!

이 사건에 대해 《한성순보》 기자
이노우에 가쿠고로는
범인을 청병들로 확정해 보도.

청나라 병사 3인이 총질과
칼질하고 도주하는 걸
이웃 사람들이 똑똑히 목격!

이 최약국 사건 보도에
서울 민심 술렁.

이에 청군 측은 열흘만에
바로 신속 처리 발표.

이는 이후 외교 문제로 비화.

청 측의 압력으로 결국 이노우에는
《한성순보》에서 잘린다.

조선 최초
필화 사건의
영광!

한성순보

흠; 그렇다면 조선인들에게
현실을 직시하게 해줄 더욱
또렷한 그림을 전해주지.

후쿠자와는 신문에 합성 이미지를 게재.

이것이 존 티토가 예언한
15년 후의 중국.jpg다!!

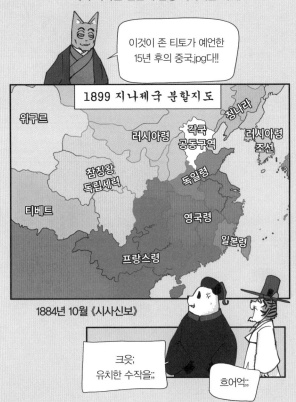

1899 지나제국 분할지도

위구르

러시아령

각국
공동구역

청나라

러시아령

조선

참청왕
독립세력

독일령

티베트

영국령

일본령

프랑스령

1884년 10월 《시사신보》

크읏;
유치한 수작을;;

흐어억;;

이 〈지나제국분할지도〉 그림이 조선에 전해지자 조야가 뒤숭숭하게 들썩인다.

으어어; 헛소리라기에는 너무 정교한 이미지다;;

청이 청불전쟁 지고 계속 몰락해 간다면 가능성 있는 미래일지도?!

조선은 러시아에 먹힌다니;;;

So, 저 미래를 면하려면 어떻게 해야 할까요? ㅎ

임오군란 수습 후, 하나부사 공사의 후임으로 착임했는데, 그간 중국 출장과 국내 업무 등으로 서울에 오랫동안 들르지 못했죠.

이처럼 청군 철수와 각종 썰로 뒤숭숭한 조선에 오랫만에 귀임한 다케조에 공사.

주조선 일본 공사 다케조에 신이치로

구마모토의 유학자 집안 자제인 다케조에는 유학을 깊이 공부한 선비.

청, 조선의 과거 시험 봐도 붙을 레벨이지요.

이홍장과도
친했다.

그리 풍부한 유학적 소양 덕분에
청, 조선의 인사들과 쉽게
교분을 쌓을 수 있었으니,
對동양 외교에 특화된 인사랄까~

김옥균 일당을 자유당에 뺏기지
않도록, 최대한 친한 척해주시오.

다케조에는 조선에 귀임하기 전
본국 정부로부터 활동 방침을 전달받고.

어느 정도 선까지
친한 척할까요?

걍 대충, 해달라는 거
다 해주는 시늉하며
달래보시오.

차관 거절 건으로 너무
맘 상해 있지 마시지요!

So,
김옥균을 만난
다케조에는
살갑게 친한 척.

장기적으로는 결국
차관뿐 아니라 각종 민간
투자도 펑펑 퍼줄 거라니까요?!

임오군란 배상금은
80%를 탕감하는 쪽으로
정부에서 검토 중이고요~

일단은 일본 공사관 선에서
할 수 있는 각종 지원을
아끼지 않−

무력 지원도
포함된다고 여겨도
되겠습니까?

그 아낌없는
각종 지원에는−

무, 무력 지원이라는 건;;
어;; 군사 쪽은 제 소관이
아니온지라;;

일본 공사관 경비병
140명은 공사님의
재량 아래에 있잖습니까?

어…
'조선 국왕 전하께서 요청'
하신다면야 물론
언제든 공사관 전 병력을
이끌고 달려가 드립죠!

캬~ 과연 천하 호걸의
기개가 있으시군요~!

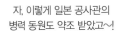
자, 이렇게 일본 공사관의 병력 동원도 약조 받았고~!

아니, 이 양반 귓구멍에는 뭐 긍정왕 삼중 필터라도 박아놨나;;

'국왕 전하의 요청'이라는 대목은 뇌까지 도달 못 함요?

국왕 전하의 뜻을 얻기 위한 공작 부분에서 개화당은 사대당에 밀리고 있었으니.

개화당이 뭔가 음모를 꾸미고 있다는 건 진작에 사대당 측에서도 감지하고 있었고!

으어~ 거사 마렵다~

청불전쟁, 청군 철수 정국의 뒤숭숭함을 틈타 김옥균 일당이 뭔가 일을 꾸미는 냄새가 진한데;;

자기네 병력까지 꾸물꾸물 서울로 모으고 있는 정황이 여실하니, 위험하다! 위험해!

이에 환관 유재현과
친군 전영사 한규직이
고종에게 강력하게 참소.

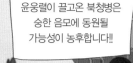

윤웅렬이 끌고온 북청병은
숭한 음모에 동원될
가능성이 농후합니다!!

유재현은 원래 개화당 쪽
사람이었지만 이 즈음에는
사대당으로 넘어갔다.

혹시라도 모를 망동을
방지하기 위해 친군 후영의
북청병은 함경도로
돌려보내야 합니다!

뭐, 그렇게들 불안하다면
친군 후영의 500명 중에
250명은 함경도로
돌려보내도록 하라.

1884년 11월
친군 후영의 북청병 절반,
귀향령!

ㅂㅂ

사대당 병력

개화당 병력

우

600

좌

800

후

250

전

560

크읏!! 갑자기 병력비가 불리해진다?

이러니 무슨 개화당에 임금의 지지가 있다고 할 수 있겠소이까?!

크앗! 윤장군!! 북청병 절반이 서울에서 철병하기 전에 확 거병합시다!!

으음;; 집에 가서 생각 좀 해보고요;

친군영 정령관 윤웅렬

… 어쩔까나… 김옥균 말을 들을까~ 그냥 병력을 뺄까~

개화당 동지들과 거사에 뜻을 함께하신 지 오래이니 이 타이밍을 놓치지 말고 지르셔야지요!! 조선의 개화와 독립을 위해!

↑ **아들 윤치호**

외아문 관리로 미국 공사관에 통역, 연락관으로 파견 근무 中

하아~
‥‥‥
서울 올라와 보니
김옥균이 뭐 해놓은 게 하나도 없더라.
지금 동원도 실패했지, 이 병력 외에
딱히 더 동원할 병력도 없지,
청군은 여전히 건재하지,

이번에 친군 후영에 대한 조치를 보니
전하의 뜻도 얻어내지 못한 듯.

아무래도 우리 집안은 이 무모한
모험주의 망동에서 발을 빼는 게 좋겠다.
애비는 참령관 사직하고
북청으로 돌아간다.

아무튼 뭔 사단이 난다면
치호 너는 미국 공사관에 짱박혀
잘 숨어 있도록 해라.

1884년 11월
윤웅렬은 원래 명령인 북청병 250명이 아니라
거의 전원인 400명을 빼내 북청으로 돌아간다.

(70명은 무과 합격증을 받았기에 그냥 서울에 남음.)

쳇, 서울이
좋은데;;

김옥균,
수신차단 완료.

너네 명줄 보존하라고
돌아가는 거다.

크아아앗!!!
거사 감행은 고사하고,
2500이 아니라 400을
빼내서 RUN?!?
윤웅렬!!! 배신했구나!!!

이런 식으로 계속 밀린다면
결국 개화당은 사대당의 정치 공작에
말라 죽는 결말뿐이다!!

숨만 쉬고 산다면
살려는 드릴게~ ㅎ

더군다나 근간 청불전쟁의 경과를 볼작시면
11월 들어 통킹 전역에서는 청군이 패퇴해
삼각주 동안으로 완전히 밀려났고

프랑스군이 대만에 다시
상륙해 교두보를 확보 中!

이러면, 전쟁 곧 끝날 분위기 아닌감?!

뭐, 얻을 거 다 얻었고, 그쪽 힘 다했으니, 슬슬 끝냅시다?

으으음⋯⋯

청불전쟁이 끝난다는 건 개화당의 마지막 타이밍이 사라진다는 뜻이니!!

청불전쟁 덕분에 서울의 청군 절반도 철수했고,

청은 양면 전쟁을 염려해 서울에서 일본군에 맞서려 하지 않겠지만,

으어, 일본까지 상대할 여력 없다;; 싸우지 마라;;

청불전쟁이 끝나면 청군은 양면 전선 부담 없이 일본에 얼마든지 맞서 싸울 수 있게 될 터이니!!

프랑스놈들 물러갔으니, 서울에서 일본놈들이 날뛰면 강 밟아버려라.

까불지 말라해!

1884년 12월 3일.
김옥균은 일본 공사관을 방문.

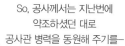

So, 공사께서는 지난번에
약조하셨던 대로
공사관 병력을 동원해 주기를—

아니; 아니; 아니;
저기; 그;;

그, 국왕 전하의 뜻이
문서로 분명히 있어야만
움직일 수 있겠습니다만;;

우리 주상의 뜻이라면…

여기!
전하의 싸인과 어보가
찍힌 밀칙이외다!!!

옥균은 짐의 뜻을
받들어 간적들을
쓸어버리고
독립&개화의
대업을 행하라
국왕 이재황

굽씨의 오만잡상

후쿠자와 유키치의 제자인 이노우에 가쿠고로는 《한성순보》의 발간에 참여하고, 갑신정변에도 깊이 개입했지요. 이후 갑신정변의 실패를 놓고 일본 정부를, 특히 외무대신 이노우에 가오루를 강하게 비난하다가 감옥까지 다녀오게 됩니다. 이후 정계에 투신, 처음에는 성향대로 자유당계 반정부, 반번벌 정치인으로 시작했지만, 이후 친정부 노선으로 갈아타 비난받게 됩니다. 그 덕분인지 이후 이런저런 철도 회사 경영직을 맡으며 승승장구, 홋카이도와 일본 각지의 탄광, 철도, 제철, 전력 사업에 큰 족적을 남깁니다. 1938년까지 살았으니 실로 일본 제국 영광의 시작과 절정까지 딱 누리고 간 인생이라 하겠습니다.

제 6 장

갑신정변
Begins

나흘 전,
주상 전하와 중전 마마께서
은밀히 부르시어
시국을 하문하심에−

조선의 독립과 개화는 실로 청의
간섭을 벗어나는 데 있사옵니다.

근간 청불전쟁으로 청이 핀치에
몰린 이 타이밍에 일본과 청이
교전한다면 일본이 이길 것이옵니다.
허나, 조정에는 청군에 권세를 의지하는
대신들이 가득한지라….

경은 내가 민씨라고
믿지 못하는 듯하나,
아녀자가 어찌 국가 존망의
대계를 그르치게 할 것인가.
경은 뜻을 숨기지 말라.

경의 뜻은 나와 같다.
나라가 비상 시국에 돌입한다면
반드시 경의 주모에 일임할 것이다.

바라옵건데 전하께서 이를
친필 밀칙으로 내려주신다면
신이 항상 품어 모시겠습니다.

ㅇㅋ, 싸인하고
도장까지 찍어줌.

그리 내려주신
전하의 밀칙이
바로 이것이외다!

· · · · ·

※ 김옥균이 꾸며낸 이야기 &
위조 문서라는 것이 정설.

…정말 믿기 힘든
스토리군요….

예전에 차관 신청할 때 님이
가져온 국왕 위임장도
위조였다는 말이 있는데,
이 밀칙 싸인도 제대로 필적
감정을 해봐야~

오오! 김공은 실로
충의지사시오!

**서기관
시마무라 히사시**

공의 구국대업에
우리 공사관
수비병들이
함께하겠소이다!!

아니, 아니 ,
잠깐 좀
기다려 보시고~

역시 진짜
사무라이는
화끈하군요!

개화당 쿠데타 지원 가부에 대해
본국 정부에 문의 공문을 보냈으니
답신을 기다려야….

서울의 일본 공사관과 본국의 연락 수단은
인천과 나가사키를 오가는 우편 연락선.

왕복 나흘
걸리지요.

1884년에 부산의 일본 조계와 나가사키를 잇는
해저 전신선이 개통되긴 했지만,
서울과 부산을 잇는 전신선은
아직 깔리지 않았다.

일본 공사관 병력 지원에 대해
외무경 이노우에는
단칼에 거부할 게 뻔하고…

저딴 싸구려 사기극에
엮이지 말라고!!

So,
우편 연락선 센자이마루가 일본 공사관의
문의 공문을 싣고 인천을 떠난 다음 날,
김옥균은 다케조에게 거사를 기습 통보.

그렇다면, 그 지원 불가 회신이
서울에 도착하기 전에 어떻게든
일본 공사관 병력을 빨리 이용해서
거사를 샤샤샥 성공시켜야 한다;;

내일, 12월 4일
거사입니다.

아니; 저;;
센자이마루가 12월 6일에
외무성 회신을 싣고
돌아오는데;;

일본 공사관 병력 지원 없이 개화당이 거사를
진행했다가 실패하고 모두 목이 날아간다면—

거사의 1등 공신!
다케조에 공사!

가장 좋은 건, 병력을 지원하고
개화당이 거사에 성공해서
나님이 조선과 일본 양국의
영웅이 되는 것!

조선에 대한 영향력이라는 면에서
히딩크급 인사가 되어
단숨에 정계 거물行 가능!

그리고 다들 예상하듯, 청불전쟁 때문에
청군이 쉽게 움직이지 못할 걸 고려하면,
우리 병력이 개화당을 지원할 시
거사 성공 가능 각 또렷하다.

So, 국왕 전하의 부르심이
있다면 우리 병력은 언제든
나설 준비를 해놓겠소이다.

ㅇㅋ, 아리가또.

일본 공사관 병력 지원 확답!

이로써 모든 준비 완료!
예정대로 작전 진행!

조선의 미래 백 년은
앞으로 72시간
안에 결정된다!!

**거사의 시발점은
우정국으로!**

제가 미국 다녀온 후, 열심히
추진한 우편 제도가 우정국
설립으로 열매를 맺게 되었지요.

우정국 총판 홍영식

그 우정국 건립 축하 연회를
쿠데타의 오프닝 무대로 이용하는 건
조금 가슴 아픈 일이네요.

12월 4일 저녁,
우정국 건물 낙성식 연회에
국내외 귀빈들이 모여든다.

사대당 측 인사로는ㅡ

친군 우영사 민영익

친군 전영사 한규직

친군 좌영사 이조연

친군 4영사 중
3명이 참석했군요.

민씨 척족 민병석

개화당 쪽에서는ㅡ

이 연회의 호스트 홍영식

김옥균

박영효

서광범

윤치호

등등.

연회 시작 후,
김옥균은 옆자리의
시마무라에게 넌지시—

공은 天을
아시오?

요로시!
(よろし)!

'天'과 '요로시'가
거사의 암구호였다고.

(이제 슬슬 우정국 옆
안동별궁에서 불길이…)

(저, 대감, 잠깐
나와보시죠;;)

뭔 일이여? 왜 아직
안동별궁에 불이
안 올라오나?

물청소를 했는지
건물에 도저히 불이
붙지를 않는데요;;

그럼 그냥 적당히
우정국 옆
아무 건물에나
불 지르라고;;

우리 집은
말고;;

시간이 너무 지체되는데;;

대감, 또 누가 부르는데요;;

아, 또, 왜;;

주변에 순라꾼들이 너무 늘어나서 방화가 어려우니, 그냥 우정국을 들이쳐서 다 죽여버리죠?

ㄴㄴㄴ; 외국 손님들 다치면 곤란하다. 그냥 빨리 불이나 질러.

사관생도 유혁로

김대감, 어째 좀 자주 들락거리십니다?

ㅎㅎ; 서양 음식이 배에 안 맞나 봅니다;;

(저거, 김옥균, 완전 수상하지 않습니까?)

음?

언제나 의기양양하던 얼굴이 지금 완전 좀비 3일차 낯빛인데요….

설사해서 그런 거 아님?

아니, 저건 분명 뭔가 꾸미고 있는 듯….

불이야!!!

Fire!!!

헐키?!

민영익은 잽싸게 우정국 밖으로 튀어나가고.

큿! 내 이럴 줄 알았다!! 뭔 수작이 진행 중이냐?!!

어? 재창이?

민대감이십니까?

서재창(서재필 동생)

굽씨의 오만잡상

김옥균은 일본으로 망명한 후 《갑신일록》을 집필, 갑신정변의 전개 과정을 주인공 입장에서 소상히 밝힙니다. 이는 김옥균을 후원했던 자유당계 사람들의 입장을 변호하고, 이노우에 가오루로 대표되는 일본 정부의 대응을 비난하기 위한 정치적 목적이 다분했다고 합니다. 《갑신일록》이 갑신정변 과정을 살펴보는 데에 가장 중요한 1차 사료이긴 하지만, 사실 김옥균의 주관적인 시선과 자기 변호의 맥락에서 쓰인 글이고 다른 사람들에 의해 가필 첨삭된 흔적이 적지 않아, 대충 걸러 들을 것은 걸러 들어야 할 글이라고 하지요. 이를테면 본문에서 언급된 부분, 그러니까 김옥균이 임금과 왕비에게 비책을 고하고 임금에게 밀지를 받았다는 내용은 도저히 믿기 힘든 내용입니다. 민씨 척족 분쇄를 목적으로 하는 쿠데타를 준비하면서 이를 민씨네 보스인 왕비 앞에서 브리핑하고 임금에게서 무한한 신뢰를 확약받았다는 건 개연성이 너무 떨어지지요. 이건 아마 당대 사람들도 안 믿었을 것 같습니다. 하지만 이 또한 어떤 맥락과 '이야기'로 당대의 세계관을 이해하는 데는 도움이 되겠지요.

그 정도는 아니지만 이 만화 또한 무미건조한 역사적 사건과 결과의 전신주들 사이를 만화적 이야기의 뜨개실로 잇고 있습니다. 역사적 인물에 성격이 부여된 임금 캐릭터와 왕비 캐릭터, 조선인들과 일본인들, 중국인들, 그 캐릭터들이 사건과 사건, 결과에서 다른 결과에 이르기까지 갖는 꿍꿍이와 대화 등, 역사 스토리 컨텐츠는 이를 팩션적 상상력으로 채워 넣고 있습니다. 이 만화에서도 저 속을 알 수 없는 임금의 꿍꿍이에 대해 추론적 서사가 꾸며 넣어져 있지요. 그리 첨가된 스토리텔링은 그냥 휙 빼버려도 전체 서술에 아무런 영향이 없는 것이어야 할지니, 단지 사건과 인물, 역사적 흐름과 개연성의 틀 내부에 작게 수놓은, 그러니까 원단과 같은 실 색깔의 나비 문양 스티치 같은 것이길 바라고 있습니다. 기억해야 할 것은 단지 명확한 사건과 결과들뿐. 캐릭터들이 어떻게 거기에 이르게 되었을지에 대한 추론과 서사 부여는 여흥이며 유희일뿐이지요. 부디 역사적 사건과 결과의 산봉우리들을 팩트로 눈에 남겨 주시기를, 그리고 그 산봉우리들 사이, 구름 아래 자잘자잘한 계곡에 작가가 꾸며놓은 작은 들꽃 무리에 대해서는 너그러이 'ㅎㅎ' 하고 재미로 보아 넘겨주시기를 청해 올립니다.

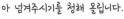

제 7 장

Day-1.0

정변이요!!!

까야아악?!!

칼에 맞은 친군
우영사 민영익이
우정국 연회장
안으로 뛰쳐들어 와
쓰러지고.

묄렌도르프가
민영익을 업고 우정국을 빠져나온다.

일단, 우리 집으로
ㅌㅌ;

친군 전영사 한규직과
친군 좌영사 이조연도
우정국을 빠져나감.

우리도 ㅌㅌ!!

큿, 우정국에서 친군 지휘관
3명 다 잡았어야 했는데!
다 놓쳤잖소;;

일단 시작 버튼을
눌렀으니 운에 맡기고
속행하는 수밖에!!

112

일단 사관생도들과
충의계 장사들은
경우궁으로 집결!

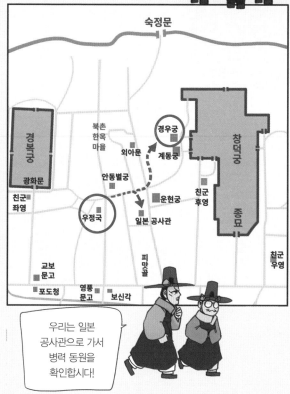

우리는 일본
공사관으로 가서
병력 동원을
확인합시다!

아니,
왜 대궐로 안 가시고
여기로 오셨소?

아, 거사 신호였던
안동별궁의 불길이 오르지 않아,
귀측에서 거사 불발로
오해할까봐 확인차 들렀소이다;

보병 제4연대
1대대 1중대

보시다시피 우리 공사관
수비대 150명이 대기 중이오.

중대장 무라카미 마사미치 대위

그쪽 주상 전하의
출동 요청서 받아오는 거
잊지마시오!

ㅇㅋ ㅇㅋ
돈 워리.

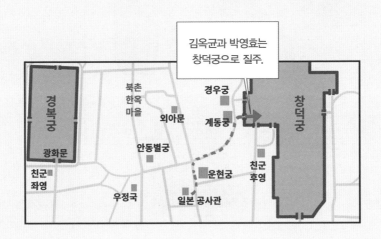

김옥균과 박영효는
창덕궁으로 질주.

경복궁

광화문

친군
좌영

북촌
한옥
마을

외아문

안동별궁

우정국

경우궁

계동궁

운현궁

일본 공사관

창덕궁

친군
후영

창덕궁에는 이미 친군 전영의
개화파 장병 50명이 도착, 대기 中

소대장 윤경완

아니; 이리 막
들어오시면
안 되는데요;;

전하께 아뢰시오!
변이 터졌소!!!

114

뭔, 똥이 터져?
들라 하라.

우정국 주변으로 불길이
오르고, 칼부림이 나는
사변이 터졌사옵니다!

창덕궁의 태세가 안전치
못하니 잠시 경우궁으로
이어하시옵기를
간청드리옵니다!

엥?

사변이
청국 측에서 나왔는가,
일본 측에서 나왔는가?

;;;아;; 그게 아마...
북한군이–;;;

아니, 대체 지금
변란을 터뜨려
이득 볼 세력이–

흐끼약??!

BOOM

(올ㅋ;)

일찌기 개화당에 포섭된 궁녀 고대수(이우석)가 미리 통명전 기둥 아래에 화약을 설치해 놓았고.

민중의 고혈로 쌓아 올린 궁궐 따위, 폭약으로 날려주겠어!

폭발에 놀란 고종 부처는 김옥균의 인도대로 경우궁 이어 결행.

순조 생모 수빈 박씨의 사당.

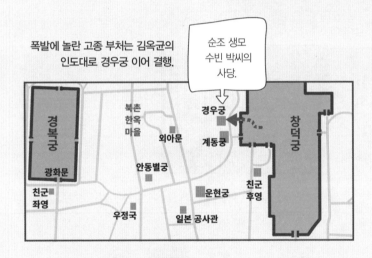

이 사변 정황상 우리 군의 몇몇 부대는 믿음직스럽지 못한지라 말입죠—

으흠?

일본 공사에게 요청해 일본 공사관 경비 병력으로 호위를 삼는다면 만전을 기할 수 있지 싶습니다~

일본군?

요청서 한 장 써주십사~

음….

뭐 그리하도록 하라.

고종, 요금문 밖에서
일사래위(日使來衛) 친필 하명.

(일본 공사가 와서 지켜주시오.)

박영효가 이를 들고 일본 공사관으로 질주.

전하께서 병력 요청
친필을 내려주셨소이다!

친필 요청서까지
받아놓았으니 나중에
문제될 일 없겠지요;;

일본 공사관 수비대 150명
경우궁으로 이동.

근데 남산 밑 우리 병영
다 비워놓고 가도 되나?

22:30

공사 다케조에,
국왕 전하의 요청을 받들어
병력을 이끌고 왔사옵니다~

ㅇㅇ.
아리가또.

고종은 경우궁 정전에 좌정.

그 주위를
서재필과 사관생도들,
개화당 장사들이 호위.

친군 전영의
개화파 병사 50명은
경우궁 마당에 자리.

그리고
경우궁 대문과
담장 안팎을
일본군 150명이 수비.

이어서 친군 전영과 후영의 다른 병사들도
속속 소집되어 경우궁을 둘러싼 길들에 배치된다.

고종의 경우궁
이어 소식을 들은
친군 3사령관은
서둘러 경우궁으로
향하고.

전하께서
경우궁으로
가셨다 하오!

어, 근데 일단 병력을
모아서 가는 게
좋지 않을까요?

이런 비상시에는
일단 임금의 안위를
확인하고 명을
받는 게 먼저겠죠.

23:00

친군 전영사 한규직   좌영사 이조연   후영사 윤태준

우정국에서 놓친
대어들이 제발로
들어오니
땡큐!

경우궁에서 기다리고 있던
이규완, 윤경순 등의
개화당 장사들에게 모두 피살된다.

크악!
어쩐지 이럴 거
같더라!!!

이로써 부상당한 민영익을 비롯해 친군
4영의 사령관들이 모두 리타이어.

이어서
정권 수뇌 3인방이
비상 호출을 받고
경우궁으로
급히 달려오고.

어;; 음; 갑작스런
사변과 한밤의 중신
호출이라니;;;

조금
미심쩍은데;;

우리 아들
칼 맞았다는;

좌찬성 민태호   해방총관   지중추부사
(민영익 아빠)   민영목   조영하

아니, 뭐 지금이
15세기도 아니고
궁에 들어오는 중신들을
살생부 보고 때려죽이는
짓거리를 흉내 내는 놈들이
있을리가—

있구나!!!
역사적으로
미친놈들이!!!

민태호, 민영목, 조영하도
경우궁에 입궁 후 살해당한다.

일련의 과정이 진행되는 와중에
경우궁에 모인 궁인들은 개화당
인사들을 의심하며 쑥덕거리고.

(와놔; 저거 레알
살인마들인 듯;;)

(미친놈들 쿠데타 때문에
한겨울 밤에 이게
뭔 고생이여;;)

특히 개화당과
사이 나쁜 환관 유재현이
정황을 엿보고
밖에 연락하려는
낌새가 보이기에—

(김옥균 일당
쿠데타 실황 중계
타래입니다—)

어;;;
그래도 유환관은
죽이지 말고—

저 내시놈을
당장 처형하라!

유재현도 바로
임금 앞에서 살해.

스캉

이로써 거사 1단계—

임금 확보—☑
정적들 처단—☑

완료!!

사실상 거사
반쯤 성공이다!!

변수가 영국과 미국 공사관을 방문해 자초지종을 설명(영어로).

23:30

많이 놀라셨죠?

정치 개혁을 위한 정쟁 과정에서
약간의 완력 행사가 있어
놀라게 해드림 사과드립니다~

ㅇㅋ. 쿠데타
잘 해보셈.

이어서
이재원과 이재면 등
친흥파 종친들이
경우궁으로 입궁.

이들은 함께 신정부
구성안을 밤새 작성한다.

이재원
(고종의 양사촌형)

이재면
(대원군의 서장자)

1884년 12월 5일 아침.

이날 아침 일찍,
개화당은 신정부 구성안을 발표한다.

정변을 주도한 개화당 인사들—

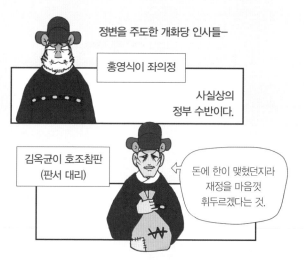

홍영식이 좌의정

사실상의
정부 수반이다.

김옥균이 호조참판
(판서 대리)

돈에 한이 맺혔던지라
재정을 마음껏
휘두르겠다는 것.

박영효가 친군 전영사와
후영사를 겸직하여 군권을 장악

서광범이
친군 좌영사와 우영사 겸직

외무독판도 겸직해
외교 업무까지 맡음.

박영효의 형 박영교를
승정원 도승지로 앉혀
국왕의 비서실 장악

병조참판에
서재필

20세에
국방부 차관!

형조판서에 윤웅렬

배신자지만 따르는 군사가
많기에 끼워줬다.

아니, 나는 좀
빼달라고;;

그리고 개화당과 손잡은
친흥파 종친들에게 고위직을 뿌림.

영의정에
고종의 양사촌형 이재원

이 정권의
얼굴 마담이다.

병조판서에
이재원의 동생 이재완

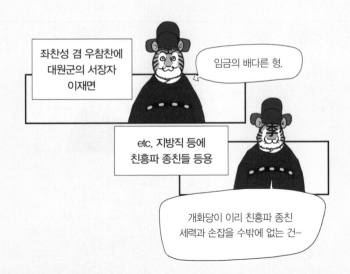

좌찬성 겸 우참찬에
대원군의 서장자
이재면

임금의 배다른 형.

etc. 지방직 등에
친흥파 종친들 등용

개화당이 이리 친흥파 종친
세력과 손잡을 수밖에 없는 건—

개화당이 갑자기 친청 민씨 정권을
뒤집어엎는다고 할 때,

사대 척족
박멸!!

윙? 저것들은 뭔
갑툭튀임?

이 무슨 개뜬금
노근본 전개?

낯설디 낯선 개화당이라는 정치 세력의 집권에
백성들은 어안이 벙벙하고 동요할 뿐이다.

아아, 안심하세요, 이건 친흥파가
철천지 원수인 민씨네를 아작내는
대단히 있을 법한 정변일 뿐입니다~

백성들에게 익숙한 민씨네 VS 친흥파 구도로
판을 짜야 이 정변이 설득력을 가질 수 있는 것.

대원위 합하
모셔올끄니까!

아아~ 역시 민씨놈들보다는
대원위 합하가 낫지~!

그래, 그래, 개화당이든
공산당이든 아무나 빨리
나 좀 귀국시켜다오;;

그 밖에 온건 개화파도 요직으로 꼬신다.

한성 판윤에 김홍집

對청 외교를 담당하는
예조판서에 김윤식을
앉힌 건, 친청파인 김윤식이
청나라 쪽 문제를 어떻게든
해결해 주길 바라는 듯.

아, 안 한다고요!
안 해!!

안동 김씨가
풍양 조씨
챙겨주네;;

의금부 부사에 조대비의 조카인 조경하,
동부승지에 조대비 종손인 조동면을 앉혀서
조대비의 마음도 좀 얻어보려고 한 듯.

육갑하네!
내 오른팔인 조카
조영하 죽여놓고선!!
저 역적놈들,
용서할까 보냐!

아직 살아 있는
조대비.

이상의 조정 인사에 이어서 이제
국가 大개조 혁신정강이 발표될 것이니
다들 두근두근 기대하시길 바랍니다!

· · · · · ·

…저들이 저리 미친 칼부림을
벌이고 큰 그림을 빵빵
질러대는데 주상께서는
꼭두각시 흉내인가…?

꼭두각시는 무신!
조선 절대군주제하에서
이 모든 게 임금의 묵인 없이
진행될 수 있을리가 있나!

우리 서방 뱃속도
시커먼 듯…

굽씨의 오만잡상

김옥균과 박영효는 12월 한밤중에 우정국에서 일본 공사관을 거쳐 창덕궁 내전까지 최대한 빠르게 내달려야 했습니다. 오늘날 이 지점들을 찾아보자면, 우정국은 조계사 옆집이고, 옛 일본 공사관은 인사동 쌈지길 옆집이군요. (경우궁과 계동궁은 현재 현대건설 본사 부지-옛 휘문고 자리입니다.) 그렇게 그 지점들을 길을 따라 이어 창덕궁 내전에 이르기까지의 거리를 추산하면 약 1.5킬로미터 정도가 되겠습니다. 나름 겨울밤 조깅에 적당한 거리인 것 같기도 합니다.

So, 갑신정변이 성공한 평행우주인 '삼년천하'에서는 매년 12월 4일 밤에 휘문고 학생들이 저 코스를 달리는 역적 마라톤 행사가 열린다고 합니다.

제 8 장

Day-2.0

1884년 12월 5일.
정변 둘째 날
경우궁

원, 세상이 좀 흉흉하긴 하지만,
간만에 부부가 오붓하게
한 방에 앉아 시간을 보내는 것도
나름 괜찮은 일이지 싶소.

· · · · · ·

겨울에는 역시 군밤이지요.
임금이 손수 까드리리다.

아~

군밤은 손수 까드셔도
처갓집은 남의 손을 빌려
까시는 모양이시지요?

어;;; 예;;;?

어젯밤,
우리 민씨 가문 사람들
목을 떼거지로 날린 칼은
결국 전하께서 묵인하신
칼이 아니오이까!

아니;; ;
어째서 그런;;

130

전하께서는 조선의 임금으로서
열국과 대등하게 교분을 트는 일에
매우 자부심을 가지셨지요.

Welcome to Chosun!
My Kingdom!

오오, 은자의
나라 국왕~

ㅎㅎ~ 조선은 청의
꼬붕이니 얘랑 놀 때는
내 허락받고 놀아야 함~

조선 임금이 옛날에
우리 황제 앞에서
대가리 박은 얘기했던가?
ㅎ~

• • • • •

그런 전하에게 청의 간섭과
갑질, 서열 강조는 꽤나 꼴받는 일일 터.

수도에서
왕 한몸 지키기도 힘들어 하는 찐따니까,
서울에 청군 주둔시켜서 지켜준다해~
고맙지? ㅎ

어떻게든 청의 꼬붕 타이틀을
벗어버리고픈 마음이 간절한 것.

그런 마음이 표출되었던 것이 러시아와의 수교.

청의 반대에도 불구하고~

몰렌도르프의 라인으로 러시아와 접촉.

1884년 7월 조로수호통상조약 체결!

주청 러시아 공사 베베르

이에 서울의 청 정보라인에서도 베이징에 보고서를 보내는 등,
고종의 탈청 소망은 딱히 비밀도 아니었던 것.

하지만! 임금이 정말로 직접
탈청 버튼을 누르고 중화질서를
벗어나려 한다면?!

No more 책봉! 조공!
조선은 더 이상 중국
꼬붕이 아니다!!!

삼전도비
폭파 간드아!!

……

원 간섭기 충선왕, 충혜왕
예시로 들었던 걸
벌써 까먹었나?

그리되면 청은 바로 조선 국왕
교체에 나설 가능성이 있다.

으어어어;

애비도 잡아갔는데
아들은 못 잡아갈까.

처신 잘 하라고.

더구나 정권의 기둥인
임금의 외가이자 처갓집-
민씨 척족은
서울에 주둔 中인
청군을 정권의
핵심 뒷배로 여기고 있다.

(처갓집을 대놓고
적대할 수는 없지;;)

임오군란
진압해 준
주조청군!

국가안보의
핵심!

그리 운신의 여지 없는 임금 앞에
개화당이라는 놈들이 나타났다?

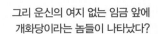

진정한 자주독립으로
근대화 달성!!
절대 탈청해!!

으흠? 이거 외주를
줄 수도 있겠는데?

이에 전하께서는 은근슬쩍
개화당에 버프를 계속 걸어준 거죠.

과인의 마음은
경의 마음과 완전히 같다.
탈청이 답이지 ㅇㅇ.

영명하시옵니다~!

김옥균이
허풍 떨던 임금의 위임,
밀칙 같은 것들의
한 49% 정도는
아마 사실이지 않았을까.

주상께서
원하신다!

이 '조선'에서 임금의
묵인 없이 이런 참변을
벌일 또라이의 존재가
가능할 리가 있나!!

그 정도
지능 수준으로는
애초에 관직 근처에도
못 간다!

그렇게 개화당에 임금의 소망을
외주 줘서 일이 잘 풀린다면
거기 묻어가면 되는 거고.

처갓집이 박살나는 건
과인의 뜻이 아니지만
어쩔 수 없구료. ㅠㅠ

청군은 청불전쟁 일본 참전
우려 때문에 못 움직인다지?

일이 잘 안 풀린다면, 바로 모르는 척 손절하면 그만.

으어;
과인은 김옥균 역적도당이
임금을 억류하고 겁박하며
벌인 미친짓의 피해자일세!!!

조선의 임금들은 그렇게 예로부터 분쟁하는 당파들에게
숙청 외주를 맡기는 전통이 있었으니.

느그 집안 원수는
과인이 아니라 너네
반대 당파놈들이니라~

임금은 누구에게도
원한 사지 않는다.
이건 다 즈그들끼리
죽고 죽인 당파 싸움이지~

그렇게 착하고 무고하며
책임질 일 없는 위치 선정 기술은
따로 배우지 않아도 왕실 DNA에
게놈 정보로 새겨져 있나봅니다?
아주 게놈 같아요.

아니, 여보;;
저기;;

…;;; 저, 그건 다 넘겨짚는
역사 소설적 추론일 뿐이잖소;;
이건 그냥 역사 만화일 뿐이고;;

갑신정변의 실체에 대해서는
여러 학설들이 있어서 명확히
뭐다—라고 단정짓기 어렵다지요;;

역사적 난제를 픽션 영역에서
푸는 식으로 선 넘지 맙시다;;

거, 헛바닥 길면
공산당이라던데 말이죠.

아무튼, 전하께서 어떤 속셈을
품고 계시든 이번 정변은
잘 안 풀릴 거라는
소식이 전해졌습니다.

으의?;;;;

12월 4일 정변 당일 밤.

묄렌도르프 자택
(목참판 댁)

의사! 의사를 불러와라!!

민영익을 집으로 업고 온 묄렌도르프.

그래, 미국 공사관에 서양 의사가 있었지;;

흉한들이 여기도 칠지 모르니 제가 권총 들고 지키겠습니다;

**비서
당소의**

**미국 공사관 의사
호러스 뉴턴 알렌(26세)**

서양의 압도적 의술 쬐끔만 맛봐라!!

이게 뭔 난리랍니까?;;

아무래도 김옥균 일당이 쿠데타를 일으킨 모양인데;;

하도감 사마 원세개

그, 개화당 어쩌고 하는 놈들이 친청파 중신들을 담가버리고 국왕을 확보한 모양입니다!

하, 일뽕들이 어설프게 일본놈들 흉내 내네.

상무위원 진대인에게 연락해서 오더를 받아야 할까요?

풉. 그 양반은 그냥 관저에 잘 숨어계시라고 전하도록.

원래는 청 공사인 상무위원 진수당이 서울에 있는 청국 관료 중 가장 서열이 높지만,

아, 나는 지휘계통상 당신 부하 아니라고!

원세개는 진수당과 불화, 무시했고, 결국 청군을 지휘하는 원세개가 실질적인 권력을 행사하고 있다.

일본군이 출동했답니다!

조선 친군영의 사령관들 모두 연락 두절입니다!

임금은 경우궁에 있다고 합니다!

아아. 대충 어떤 그림인지 와꾸가 잡히네. 일본군을 등에 업은 친일 쿠데타인가.

그럼- 이제 우리 청군이 이 무모한 쿠데타를 분쇄해 줘야겠구먼!

아니, 저기; 본국 지시 기다려야 하지않나요?

아니, 배편으로 본국에 보고하고 지시받고 하려면 사흘 넘게 걸리는데!

그 시간이면 저 쿠데타는 이미 기정사실화된다고!

아니, 그래도 여기서 일본군과 충돌하면 청불전쟁 와중에 일본이 참전할 위험성이;;

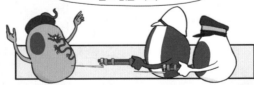

아, 저 청불전쟁이야 어차피 거의 다 끝난 전쟁인데.

일본이 막판에 숟가락 하나 올린다고 중국에 딱히 크게 더 손해날 일도 없을 거고!

중국은 전쟁 몇 번 진다고 망할 나라 아니니까! 일본 참전 여부는 운에 맡기면 되고!

그런데 여기서 내가 병력 안 움직이고 구경만 하다가
결국 저놈들 쿠데타가 성공하고 조선을 일본에 빼앗긴다면—

ㅎㅎ;; ㅈㅅ...ㅋㅋ!!

· · · · · ·
이거 다 현지
지휘관 책임이다.

너 해고.

그걸로 내 경력은
바로 끝장이다!!

청불전쟁 따위 알게 뭐냐.
내 커리어가 이 한판에
달려 있는데.

이 인간… 어떤 중대사 판단에도
나라의 전쟁 위기보다
자신의 커리어를 더
중요시하는 건가…

· · · ·
실로 천명의
자질이로다!

여기 붙어 다녀야겠다.

자, 우리 쪽 사람. 관찰사 심대감.
이 쪽지를 경우궁의 중전 마마께
전하고 이쪽과 연락이 가능하도록
손을 써주시오.

아, 옙;

경기관찰사 심상훈(임금의 이종사촌)

12월 5일 아침, 심상훈, 경우궁으로.

중전 마마께서
주문하신 브런치 세트라네.
식기 전에 전해드려야 함.

아, 나도 개화당
편이라고~ ㅎ

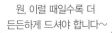

원, 이럴 때일수록 더
든든하게 드셔야 합니다~

깨작 깨작

이 그릇이 영국에서 온
웨지우드인데 말입죠~
촉감이 웬지 우드같죠?
~ㅎ

'웬지'가
아니라
'왠지'다…

상표가….

!!!

청군 사마 원세개가
보낸 쪽지입니다!
청군이 움직입니다!!

어;; 와우;;

142

그렇게 개화당이 박살 나는 걸로 결정났으니,
전하께서도 이제 미친놈들 확실히 손절하시고
편을 확실히 하도록 하셔야겠사옵니다!!

어;;
아니 뭐 나야 딱히;;
누구 편이라고는;;

이제껏 테러와 군란으로 민씨들이 갈려나갔고!!
이번 정변으로 남은 민씨들 또 갈려나갔고!!

이제 민씨 가문을 이끌 이는 소첩밖에 남지 않았군요!!!

전하께서는 이제 민씨네 편! 와이프 편에서
확실한 운명 공동체로 함께하셔야겠습니다!!

ㅇㅋ?

으의-ㅇ -...예;;

다시 또 민씨가 죽어나갈 일이 있다면
그때는 신첩부터 죽을 일이리이다.

12월 5일 오전. 거사 다음 날의 어수선한 분위기를 다잡고저-

미·영·독 공사들이
임금을 알현.

원, 기왕 이리된 것
자주와 개화에
유익한 계기
되길 바랍니다.

쿠데타는 원래
제3세계
다반사죠~

○○. 땡큐.

음, 이거 경우궁이
너무 작아서
손님맞이가
옹색하구려.

· · · · ·

아아, 조금만
참아주시옵소서;
곧—

오늘 바로 창덕궁으로
돌아가도록 하겠네.

제 9 장

Day-
2.5~3.0

(개화당놈들 손절하려면 일단 저놈들 손아귀에서 벗어나는 게 먼저겠죠.)

음;;;;

개화당놈들과 일본군—소수의 병력으로 왕을 확보하고 있으려면 이 코딱지만 한 경우궁에 잡아둬야겠지요.

So, 저놈들 병력으로 움켜쥐기 불가능한 창덕궁으로 돌아가야 합니다.

임금 체면상 빨리 창덕궁으로 환궁해야 하지 싶은데!

뭣보다 여긴 너무 비좁고 춥잖소!! 더운 물도 안 나오고!

12월 5일. 임금 부부는 환궁을 강력히 요구.

경복궁
광화문

북촌
한옥
마을
외아문

경우궁
계동궁

창덕궁
창경궁

안동별궁

운현궁

친군
후영

종묘

우정국
일본 공사관

묄렌도르프 집

교보
문고

이에 일단 임시방편으로
임금 부부를 경우궁 옆에 있는
계동궁(이재원 저택)으로 이어.

아니. 우리
사촌형네 집이잖소!
너무 폐끼치는데!!

와이파이도
안 잡히잖소!!

사흘만 참아주십시오!
사흘이면 확실히 상황을 안정시키고
성대하게 환궁하실 수 있사옵니다!

신은 잠시 외아문과
친군영을 둘러보고
오겠사옵니다~

147 제9장_ Day-2.5~3.0

．．．．．
김옥균이 잠시
자리를 비운 사이─

다케조에 공사,
배변이 시급해서 그러니
빨리 창덕궁으로
환궁해야겠소.

하잇!

창덕궁으로
전격 환궁 채비.

Country roads~
take me home~🎵
To the Palace~
I belong~♪

헉;;

아니, 그리 멋대로 전하 말씀
들어주면 어떡합니까?!
저 광활한 창덕궁을 소수의
병력으로 어떻게 지키려고!!!

어휴, 걱정 ㄴㄴ
일본군 병사 1명이
지나병 10명은 너끈하게
감당할 수 있소이다!

12월 5일 오후 5시.
왕실, 창덕궁으로 환궁.

'새가 사냥꾼의
올무에서 벗어남 같이…'

창덕궁 수비는 경우궁에서와 마찬가지로

내위는 충의계 장사들과
사관생도들 등 50여 명.

중위는 일본군 150명.

외위는 친군 전영과 후영 병력 1000여 명.

그런데 이날 밤,
창경궁의 선인문을 닫으려는데
청군 병력 30여 명이 몰려와 닫지 못하도록
방해하는 소동이 벌어졌다.

그 문은 사용해야 하니까 닫으면 안 된다해!

뭐래;; 궁궐 관람 시간 끝났어요;; 내일 오세요~!

일단 청병들이 물러가긴 했는데 이거 청군 개입 각인가;

걱정 ㄴㄴ! 청군이 전면 공격해도 북악을 진지 삼으면 2주, 일본군 병영이 있는 남산을 진지 삼으면 2개월 항전 가능합니다!

일단 빨리 신정부 혁신정강을 발표해서 거사를 기정사실화하고 대세를 굳힙시다.

12월 5일 밤~12월 6일 새벽까지 신정부 인사들은 국가개조 혁신정강 작성을 위해 토의를 거듭.

이 개혁, 타이틀은 뭘로 정하지? 유신? 경장? 특이점?

2차 산업혁명 흑색성장 어젠다!

스마트 조정! 전자 엽전!

12월 6일 아침.
신정부 〈혁신정강〉 발표.

조선이 망하느냐 흥하느냐는
실로 이 혁신의 성사 여부에 달렸다!
천제여, 우리 주상을 보호하소서!

이것저것
잡다한 조항이
수십여 개라고 하는데,
일단 기록상 요약된
14개 조항은—

● 대원군 조속 귀환

으따~! 친흥파
지원 얻으려면
당연한 얘기지!

& 조공 폐지

ㅇㅇ. 중화질서 끝.
이제 속국 안 함.
세상 모든 나라와 마찬가지로
만국공법상의
주권국 대 주권국으로
삽시다.

중화질서
KOREXIT?!;;

● 탐관오리 징벌

● 만민평등.
양반 문벌 폐지

문벌, 관직에 따른
신분, 계급 차이는
이제 없다!

● 경찰 제도 도입

조선 말 치안 개판 상황은
영화 〈군도〉 참조.

순사 등장!

● 혜상공국 폐지

으어어;

보부상과 국가의
결탁을 끊는다!

혜상공국은 결국 민씨 척족이
보부상을 자기네 사조직으로
부리려고 만든 게지!

보부상놈들은 멋대로
자릿세, 통행세나 삥뜯고
지역 시장 주인 행세하고!
그냥 봇짐 진 조폭이여!!

저 중세 독점 행상 길드를
해체해야 제대로 된
상업 진흥 가능 각!

○○, 반 민씨 세력들
유배 가 있는 거 다 풀어줘서
지지 세력 삼아야졔!!

● 각종 옥사를 재조사하여
억울한 자들 방면

● 친군 전후좌우 4개 영을 1개 영으로 통합

그리고 이를
근대 육군으로
발전시킨다!

육군 육군 육꾼!

또한 병사들 중 우수 인력을 추려서
국왕 직속 근위대 창설!

세자 저하가 육군 대장으로서
근위대장을 맡는다.

● 국가 예산 관리는 모두 호조로 통합

세자 이척(9세)

우리 장인 어른
죽인 놈들이
뭔 개소리래. ㅗㅗ

세자빈 민씨(12세)
(민태호의 딸, 민영익의 동생)

온갖 번다한 돈 구멍 관청들의
주먹구구식 세입 세출을 모두 통폐합!
일원화된 국가 예산, 자산 관리!

이제 조선의 모든 돈줄을
호조참판 김옥균이 주관한다!

● 6조의 대신,
참찬들의 국무회의가
내각으로서 국사 총괄

내각

진짜 확실하고 분명한
국가 최상급 지도 기구!
내각이 기능합니다!

● So, 6조 외의 번다한 중앙 부처는 모두 폐지

행정 구조 개편!! 간단하고 알기 쉽게!

이렇게 혁신정강을 실행함과 동시에 세계 각국과 교류하며 신문물을 받아들여 부국강병을 꾀하겠습니다!

그러려면 돈이 좀 들텐데~

이에 필요한 예산은 금광 채굴권을 담보 삼아 일본에서 차관을 들여온다!

○○! 300만 엔까지 질러드릴 수 있소이다! (허풍)

아니; 공사님; 본국 정부의 방침은 아직 안 정해졌는데요;;

이 혁신정강을 오늘(12월 6일) 오후 3시에 전하께서 직접 반포해 주시는 거죠.

○○;

근데 꽤 레디컬하구료;

저, 그, 어젯밤 선인문 소동 때문에
청군 쪽과 메세지를 주고받는 중에
오전에 이런 전갈이 왔는데요~

윙?

외아문 독판 서광범

"…도성 내 분위기가 자못 흉흉한지라 국왕 전하의
안위에 대한 걱정으로 배알 요청드립니다.

저희가 전하를 지켜드릴 수 있도록
600명의 병력을 이끌고 입궐코자 하오니
창덕궁 입장료 단체 할인을 부탁드립니다…."

으으음….

청군이…
움직이려는 겐가;;

크앳! 이 변발
애송이놈아!!!
올테면 와봐라!!
(일본군이 물리쳐 주겠지!)

어; 우리 군의
대비 태세는
어떤감?

옙, 몇 달 전 들여온,
신형 소총으로 장비
전환을 하고 있습니다만.

일본과 미국 상인에게서
레밍턴 블록 소총과 마티니 소총 등
수천 정을 구매했는데 말이죠–

TANG! 근 마켓!

이게 중고품들 상태가 삐리해서
다 분해해서 총기 정비를 하지
않으면 쓸 수 없는 지경인지라.
지금 열심히 작업 중입니다.

한, 사나흘
걸리겠죠?

…일본군의 준비는
잘되어 있겠죠?;;

지나병 따위!
Die지나 히토.

뭐라는겨;

6일 정오 동대문.

하, 입궐하려면 단신으로
입궐하라는군?

병력 끌고 오려면
각오하고 오라는데? ㅎ

그래, 앞으로 내 인생 모험
버라이어티 모드로
각오하고 가볼까나!

창덕궁 후원이
절경이라니,
함 구경들 해봅세!!

청군,
창덕궁으로 진군.

12월 6일 오후 3시. 혁신정강 반포가 시작되고.

총소리가 창덕궁 담장을
때리기 시작.

제10장

삼일천하

12월 6일 오전. 연락선 센자이마루, 인천 입항.

서울行 긴급 공문!

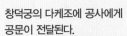

창덕궁의 다케조에 공사에게 공문이 전달된다.

외무성에서 보낸 긴급 문자입니다.

음, 나흘 전에 본국에 보낸 문의 공문의 답신인가.

그러고 보니, 본국에서는 아직 조선에서 정변이 터진 것도 모르고 있겠군.

Re) 조선 개화당의 거사 개입 건에 대하여

From 외무성 to 주조선 일본 공사관

절대 조선 개화당의 모험주의 망동에 엮이지 말 것.
청나라와의 불필요한 갈등 만들지 말 것.
ps) 독감 조심.

히끅;;

망했다;;

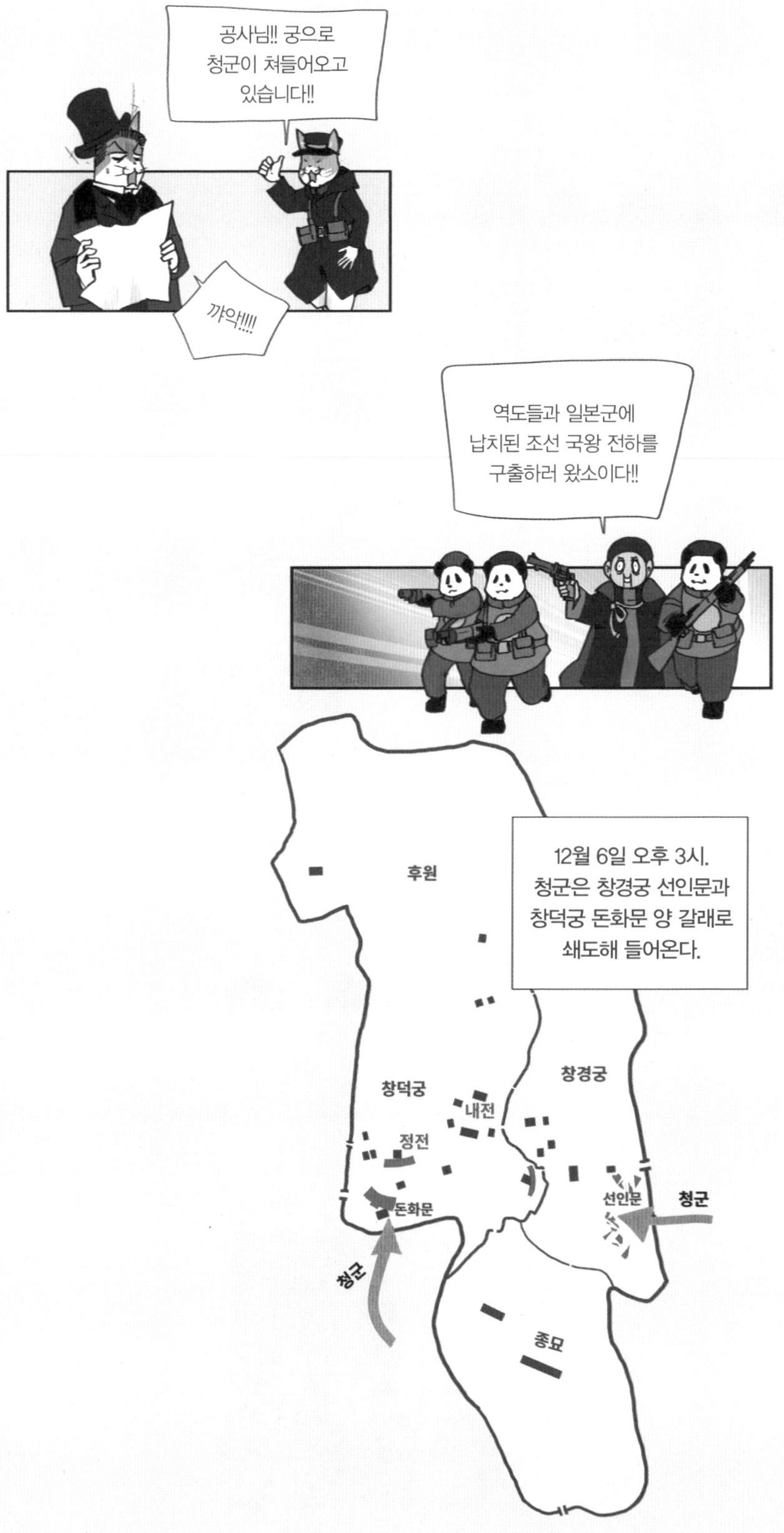
공사님!! 궁으로 청군이 쳐들어오고 있습니다!!
꺄악!!!!
역도들과 일본군에 납치된 조선 국왕 전하를 구출하러 왔소이다!!
12월 6일 오후 3시. 청군은 창경궁 선인문과 창덕궁 돈화문 양 갈래로 쇄도해 들어온다.
후원
창덕궁
내전
정전
돈화문
청군
창경궁
선인문
청군
종묘

옥체를
피하시옵소서!

큿;; 청군이
결국 움직이다니;
계산 밖이다;;

창경궁 쪽에서
창덕궁으로 들어오려면
요금 1000원 더 내야 하는데;

재필!
창덕궁 디펜스 어떻게,
가망이 있을까?

가망이 아니라
ㅈ망인데요;

일단 청군 병력은
호왈 1500.
(실제로는 1000명
남짓이라는 설도)

그 정도면 붙어볼 만하지 않나?
이쪽 병력은 충의계와
사관생도 50명 일본군 150명,
친군 전·후영 1000명.
합계 1200명.
엄청 불리한 건 아닌데?

근데, 청군이 조련한
친군 좌·우영 1000명이
청군에 합세했습니다.
So, 저쪽 합계 2500….

장교부터 기간병까지
모두 청군 장교들과
엮인 친청파 부대죠.

저 역적놈들이
우리 좌우영 사령관들
살해했다는데;;

그렇게 단순 병력비로
우리 쪽 1200 : 저쪽 2500이
되죠.

병력비 2:1정도는
수비전에서
감내할 만하지 않나?

그런데 우리 쪽의 친군 후영병
500명 중 북청병 70명만
개화당 충성 병력이고,

나머지 400여 명은
근래 여기저기서
긁어모은 병력인지라….

의리 있게
싸우자!

어;; 음;; 우리가 여기서
왜 친일 쿠데타 세력을
위해 싸워야 하지?

이미 친군 후영은
북청병 70을 제외하곤
죄다 튀었다고 합니다.

혹시 이기면
연락주세요~

남은 친군 전영 500명은 남한산성에서부터
개화당이 키워온 핵심 무력.

조선의 개화와
독립을 위하여!!

그런데 이들이 사용할 최신 총기들의
정비가 아직 끝나지 않았는지라;

수입 총기,
총기 수입. ㅎ

주상 전하를
위하여!!!

친군 전영 병력들은
소총이 아닌 창칼을 들고
청군에 맞서 싸워야 했던 것.

오, 마치 아편전쟁 때
양놈들에 맞섰던
우리 선배들을 보는 듯.

친군 전영은 수십여 명의
전사자를 내고 흩어진다.

무리다;
ㅌㅌㅌ

166

지나병 따위!
1인당 10명씩
상대하면 된다!

외곽 방위를 맡았던 친군
전·후영 병력 1000여 명이
모두 와해되면서 결국 내전을
지키던 일본군 140여 명이
청군을 상대하게 되고.

지나병에게
지나;;

…무력 대결은 결국 망했고,
이제 주상을 모시고
도망가야 할 듯요;

일단 인천으로,
그 다음 강화도로 가죠.
강화도에 행궁을 꾸리고―

대감! 중전 마마께서
북관왕묘로 이미 옮기셨고
주상 전하께서도
따라가신답니다!

What?!!

167 제10장_ 삼일천하

성균관 북동쪽에
위치한 북관왕묘.

숙정문

북관왕묘

명륜동

성균관

북촌
한옥
마을

경우궁

창덕궁

외아문

계동궁

창경궁

안동별궁

친군
후영

종묘

운현궁

우정국

일본 공사관

그 유래는―

임오군란 때 은신한 왕후에게
용한 점괘를 내려준 무당 진령군이
이후 왕실 고문 점술가가 되고.

이제 이 업계의 미래는
타로카드입니다!

우리 시애비는
어케 됨?

마라탕 드실 듯요.

1883년, 성균관 북서쪽 옛 송시열 집터에
진령군이 모시는 관우의 사당—북관왕묘를
짓고 진령군을 당주 삼았다.

임진왜란 때
관운장이 조선을
도와줬듯이,
19세기 말의
국난도 관운장이
캐리해 주실 거예요~

·····

저 무익한 전투에 휘말려
눈먼 총탄에 스치기라도 하면 큰일!
중국인들도 신성시하는 관왕묘에
피신해 있도록 합시다!

개화당 역도놈들
빠이~

12월 6일 저녁. 왕후와 대비 마마들,
세자 부부까지 모두 북관왕묘로 피신.

자, 그러면 과인도
관운장의 영험한 기운을
받으러 북관왕묘로—

아이고! 전하!!
관우는 자기 모가지도
간수 못 한 패장이라고요!!

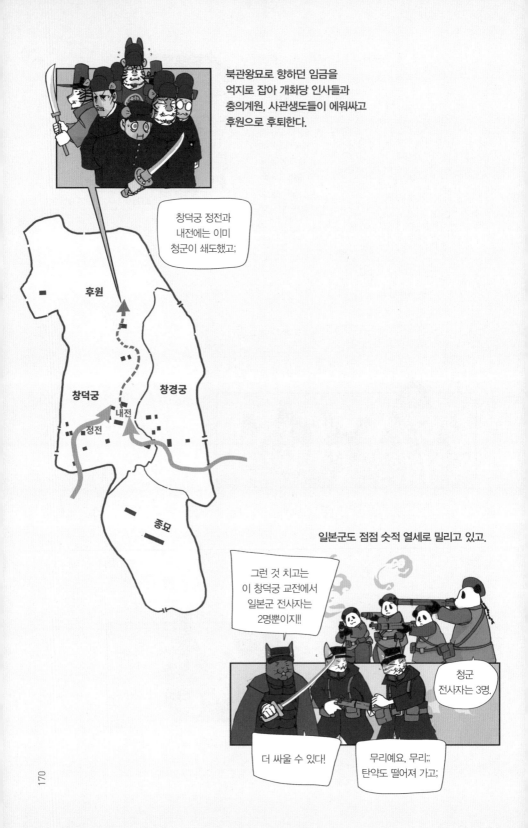

북관왕묘로 향하던 임금을
억지로 잡아 개화당 인사들과
충의계원, 사관생도들이 에워싸고
후원으로 후퇴한다.

창덕궁 정전과
내전에는 이미
청군이 쇄도했고;

후원

창덕궁   창경궁

내전

정전

종묘

일본군도 점점 숫적 열세로 밀리고 있고.

그런 것 치고는
이 창덕궁 교전에서
일본군 전사자는
2명뿐이지!!

청군
전사자는 3명.

더 싸울 수 있다!

무리예요, 무리;;
탄약도 떨어져 가고;

임금이 북문을 나서려는데, 밖에서 궁을 포위 중이던 친군 좌우영 병사들의 총탄이 날아들고.

임금 옆에 있던 무감, 손에 피탄.

김옥균의 일갈에 잠시 주춤하던 병사들은—

w

q

다케조에는 이를 말 꺼낼 기회 삼아—

아니, 여기까지 와서 빠지면 어쩌자고요!! 그쪽만 믿고 목숨과 국운을 다 맡겼는데!!

사무라이의 의리와 곤조가 고작 이거란 말이오?!

어; 사실 엄밀히 분류하자면 저는 사무라이보다는 유학자 쪽이지요.

From ○○○ 원세개

이미 일본 측에 원세개의 쪽지가 전달되어 있었다.

'일본군 남산 병영의 탄약과 물자는 이미 저희가 다 접수했고요. ㅎ

일본군이 이 판에서 빠진다면 퇴로와 안전은 확실히 보장하겠습니다~ ㅎ'

우리 갑니다아? 도망가려면 지금 우리랑 같이 가야 함요;;

일본 측의 철수 통보로 쿠데타 수뇌부는 마지막 희망의 끈을 놓게 되고.

결국, 삼일천하였는가….

시간으로는 48시간 천하….

…하.
운빨 Z망 시대….

"…한번 죽는 것은 아직 나라를 위해
아껴두고자 합니다. 신은 이제 전하 곁을
잠시 떠나오나 전하를 위해 바칠 목숨,
청천백일 아래 다시 용안을
뵈올 날이 있을 것이옵니다."

음… ㅅㄱ

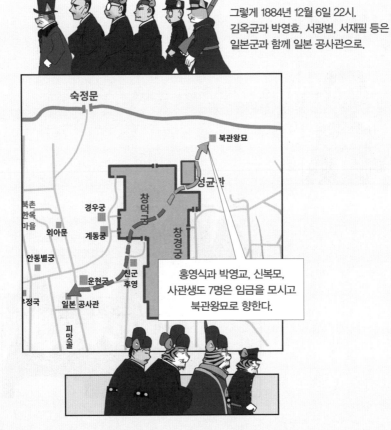

그렇게 1884년 12월 6일 22시.
김옥균과 박영효, 서광범, 서재필 등은
일본군과 함께 일본 공사관으로.

홍영식과 박영교, 신복모,
사관생도 7명은 임금을 모시고
북관왕묘로 향한다.

숙정문

북관왕묘

성균관

북촌
한옥
마을

경우궁

창덕궁

외아문

계동궁

창경궁

안동별궁

신군
후영

운현궁

일본 공사관

정국

피맛골

북관왕묘로 간
개화당 인사들은 그곳에서
친군 좌우영 병사들에게
모두 피살.

그날 밤,
북관왕묘로 맞으러 온
원세개의 권유로
임금은 청군 군영에
몸을 위탁한다.

대청 제국의 승리!

갑신정변은 대청 제국의
승리로 끝났습니다.
帝國蒼穹保
승리의 3 Circles!!

굽씨의 오만잡상

구한말의 라스푸틴으로 불리는 진령군 박씨는 왕비의 총애를 등에 업고 부와 권세를 누린 요무妖巫로 유명하지요. 진령'군'이라는 군호를 받았을 정도니 그 세도를 짐작할 만합니다. 세간에서 크게 비난받은 왕비의 초호화 혈세 낭비 굿판들도 진령군이 주도했다고 전해집니다. 뭐 그러다가 을미사변 후 처형당했다고도 하고, 시골로 잠적해 사라졌다고도 하고, 그 전말은 확실치 않습니다.

진령군 이전까지는 관 주도로 제사를 지내온 관우에 대해, 진령군이 감히 관우의 영적 딸을 자처하며 북관왕묘를 세운 것은 수도권 무속의 트렌드를 뒤흔든 큰 족적으로 여겨집니다. 이후 관우를 모시는 무당들이 여기저기 늘어나 구한말에서 일제 초기, 관제신앙이 크게 세를 얻었지요. 1920년대에 동관왕묘(동묘)에 근거를 둔 관성교가 크게 흥했고, 그 뒤를 이은 금강대도, 무량대도, 미륵대도 등이 현대에 이르기까지 관제신앙의 흔적을 지니고 있다고 합니다. 이리 돌이켜보면 촉빠 팬덤의 심연은 실로 옷깃을 여미게 하는 부분이 있다하겠습니다.

전성기 진령군은 관우를 죽인 여몽의 성씨라 하여 여씨 가문을 따시켰고, 이 이야기를 듣고 자란 여운형은 여씨가 관우 사당에 들어가면 죽는다는 미신을 비웃기 위해 관우 사당을 자주 들락거렸다고 하지요. (하지만 사실 여운형도 삼국지에 심취한 관운장 팬이었다고.)

After 정변

12월 6일 밤,
일본 공사관으로 피신해
밤을 지샌 김옥균 일당.

비록 거사는 실패했지만,
우리의 대의는 사람들
마음속에 작은 불씨가 되어
언젠가 다시 타오를 것!

……;

다음 날, 서울 백성들은
수근수근.

왜놈들이 역적들 앞세워서
임금님 납치하고 정권
꿀꺽하려고 했다는데
어찌 두고볼 일인가!!

하지만 일본군 총칼은
좀 무서운데;

일본군은 어제 청군한테
발리고 도망갔다는데.

아, 그래?

12월 7일 서울,
반일 폭동 발발.

왜놈들 다
찢어 죽여라!!

1884년 8월에 용산이 개방되어
일본 상인들이 꽤 들어와 있었는데,
그들이 타깃이 된 것;;

일본 상점과 창고들 다 털리고,

일본 공사관 서기관과 출장온 육군 대위를 포함해 38명이 살해당함;;

만약 청군이 지고 철수했다면, 아마 중국 상인들이 저 꼴을 당했겠지;;

우와아악!!

째캉

역적놈들 모가지 내놔라!!!

으어;; 무지한 백성들 능지 수준!!

분노의 창끝은 사태의 근원인 일본 공사관으로 향하고.

이에 일본 공사관은 거류민 전체를 이끌고 서울 대탈출에 나선다.

그 와중에 기밀문서들 소각하다가 공사관 건물을 태워먹었다;;

김옥균 일당은 상투를 자르고 서양옷을 입어 외양을 위장하고 철수 대열에 함께한다.

호랑이 귀도 떼야 하지 않을런지?

일본 공사관의
철수 과정에서 조선인
50여 명이 일본군에게 피살.

탈주 행렬은 밤새 걸어 12월 8일 아침 인천항 도착.

그 시각 동대문 청군 군영에서는
친청 수구파 대신들이 임금에게
역적들의 처단을 상주.

5흉 : 김옥균, 홍영식,
박영효, 서광범, 서재필

몰렌도르프는 기병 1초와 함께 인천으로 달려가 김옥균 일당을 잡아오도록 하라!

물때를 맞추느라 아직 출항 못 한 센자이마루

인천항에 도착한 묄렌도르프는 일본 측에 범인 인도를 요구.

역적놈들 거기 탄 거 다 아니까 선박에 올라 수색에 들어가겠소이다!!

수색을 거부하고 역적들을 안 내놓으면 무슨무슨 국제법으로 아주 험한 꼴을 보게 될 거요!

-라고 하니, 아무래도 조선분들은 하선하시는 게 좋을 것 같은데요;;

아니! 저기 잡혀가면 저흰 다 능지처참 당한다고요!

다케조에는 김옥균 일당을 넘겨줄 생각 만땅이었지만-

센자이마루의
쓰지카구 사부로 선장이
강경하게 대응.

이 배에서는
선장인 내가 법이요!!
누구든 함부로
배에 오르면
총알 맛을 보게될 것!!

덕분에 김옥균 일당은 목숨을 건지고 일본行에 성공한다.

하;; 조선 땅에
언젠가 돌아올 날이
있을 것인가~;

혁명가가 국외 탈출했다가
훗날 금의환향하는 건 역사의
클리셰 아니겠소이까?

1884년 12월 10일. 임금,
나흘 만에 창덕궁으로 환궁.

전투로 궁이 아주
개판이 되었구나;

청군놈들의 궁궐 약탈도
꽤 무시무시했습죠;;

그리고 새로운 정부를 꾸리니,

영의정에 친청 수구파 심순택

좌의정 겸 외무아문 독판에
온건 개화파 김홍집

정변 정부보다
더 높은 감투를
주시는군요;

우의정에
친청 수구파
김병시

발음에
주의할 것.

이조판서에 임금의
양사촌형 이재원

정변 정권에서는
영의정이었는데;

병조판서에
친청 온건 개화파 김윤식

원세개랑
친하니까?

선혜청제조에
온건 개화파 어윤중

이렇게 대충 친청 수구파와 온건 개화파,
전문 관료 중심으로 조각.

민씨 척족으로는―

친군 우영사에
그대로 민영익

서양 의술의
힘으로 살아났다.

한성판윤에 민종묵

중전 마마와
본관만 같고
촌수로는
거의 남남.

암살과 임오군란과 갑신정변으로
민씨 척족 중신들이 싹 다 갈려나가서
조정 요직에 앉힐 중량급
민씨들이 부족한 상황이다;

역적 수괴 5흉 중
홍영식만 죽고 나머지
4흉은 일본으로 튄 상황!

새 조정은 곧바로
갑신정변 역적들에
대한 대대적 처분에
나섰으니.

하지만
그 수하 공모자들은
처분을 면치 못할 것!

약 100여 명이
정변에 연루되어
처형당했고.

184

박영효, 서광범네
아비는 감옥에서
옥사하고,

역적 수괴 5흉의 가족들에게는
역률의 연좌제가 적용되어
그 아비와 형제들도 모두
죽음을 면치 못한다.

김옥균, 서재필,
홍영식네 아비는
자결하고,

(홍영식의 부친 홍순목은
대원군 때 척화비 건립을
주창한 장본인.)

그 처첩과 여식들은
관노로 끌려가게 된다.
(이후 대충 다 탈주함.)

김옥균의 처와
일곱살 난 딸래미는 도주하여
이후 10년간 숨어 지냈다고.

당신
유학생이지!?

아니;;
유학(儒學)생이오!

또한 일본 등지의 유학 경험자들은
기본적으로 정변 연루 혐의를 받아
극심한 고초를 겪거나 해외로 도주.

개항 이후 양성되었던
초기 개화 인적 자원이
이때 큰 타격을
입게 되지요.

개화당이 추진했던 우정국 등의
개화 프로젝트들은 모두 취소되고
그 라인에 있었던 개화 인력들은
모두 쫓겨났으니.

그런 인적 자원 고갈에 더해
'개화'의 이미지 오염이 심각.

대외적으로는 어느 정도 서양의
호의적인 시선을 받았던 개화당이―

조선은 세상 끝날 때까지 유교 중화질서의 수호자로 남을 것이다!

갑신정변 실패와 수구파의 반동은 조선에 대한 평판과 기대를 크게 하락시킨다.

어휴; 중앙아시아 무슨무슨 칸국들보다 더 수꼴 나라네요;;

뭣보다 일본에서는 후쿠자와 유키치가 극대노.

쿳소오오오오오!!!! 똥같은 조선징놈들!!!! 빠가야로 총 King!!!

광명의 기회를 짓밟고 지나 야만의 품에서 썩어 문드러지길 택하는가!!!

언론 모터 시동 걸어라!!!

일본 조야의 여론 후지산 대분화.

일본인 38명이 폭동으로 살해당했는데, 이를 어찌 응징할 것인가!!!

일본군이 청군에게 굴욕을 당하고 도주해 오다니!!!

조선 출병!!!

대청 개전!!!

이리 못 하면 정부가 #ㅅ 인증이지!!!

일단 일본 정부는 다케조에를 다시
조선으로 보내 교섭을 시도.

네가 싼 똥,
네가 해결해라.

· · · · · ·

쿠데타 개입 주범이 어딜
다시 낯짝을 들이미누?!

페르소나 논 그라타다!
조팡매야!!

좋은 거
배우셨네요;

다케조에는
문전박대 당하고 돌아와 해임.
공직생활 끝장.

음; 여론이 이리 들끓고;
조선에서의 입지도 위기고;;
아무래도 이노우에 공이 직접
나서주셔야겠군요.

○○;
내가 조선으로
가리다.

외무경 이노우에 가오루

근데 좀 후달리니 병력
좀 많이 붙여주오;;

이노우에가
조선으로 오기 전에
청이 먼저 움직인다.

조선에서 또 뭔 개판이 터진 모양이니
가서 대충 수습하고, 일본과 충돌할
껀덕지 없도록 잘 정리하도록.

1884년 12월 22일
청 군함 2척과 병력 500, 남양만 도착.

제독 정여창   북양사의 오대징

아이고, 나으리~! 조선 역적들과
일본놈들이 벌인 미친 짓거리는
제가 빠르게 선제적으로
샤샥~ 제압했죠~!

흠
....

조선 주둔 청군의 명목상 통령인
오조유는 비선 빨대 원세개의
월권적 지휘를 매우 못마땅하게
여기고 있었으니—

(아니, 저 애송이가 가만 있으면
저절로 물러갈 일본군을
성급하게 공격해서 전쟁 위기를
만들었지 뭡니까.)

…!

흠;

(완전 서울에 카오스
헬게이트를
열어버렸다니까요.)

이에 원세개는 일단
본국으로 문책성 소환당한다.

끙; 난 틀리지
않았어;;

12월 30일 외무경 이노우에 가오루가
군함 7척과 병력 1000여 명을 이끌고 인천항 도착.

청군에게 육상 병력이 밀려도
해상 전력으로 압도할 수 있겠지.

서울에 들어온
이노우에를
김홍집과
묄렌도르프가
맞아 회담.

서울에서의
반일 폭동에 대한
조선 조정의 대일 사과!

피살된 일본인 38명분의
배상금 지급!

일본 서기관과 대위
살해한 주범 색출, 처벌!

으어;;

일본 공사관 신축

일본 공사관에
병력 1000명 주둔!

아니, 보소!

일본군에게 죽은 우리
백성이 56명이라고요!

그리고 공사관은
당신네가 문서 소각하다
태워먹은 거고!

뭣보다 당신네가
이쪽 역적들과 공모해 쿠데타에 개입,
먼저 군사를 움직이는 바람에
이 모든 사단이 터진 거잖소?!

쿠데타 개입이라니…

일본 공사관 병력은
그쪽 임금께서 와달라는
쪽지를 받고 가준 것뿐이오!!

'일사래위'!!
그쪽 국왕 전하의
친필 쪽지
확인해 보시지요!

헉;;;

이건;;
위조인가?;;

설마 진짜
전하 친필인가?;

그렇게 1885년 1월 9일.
한성조약 체결.

청·일 양측이
조선에 군대를 배치하고
팽팽하게 대치하는
양상이 몇 달간 지속되고.

제12장

청불전쟁 전개

1884년 8월에 중국 복건 함대를 섬멸하며 시작된 청불전쟁.

9월 현재, 프랑스군의 전략 목표는–

통킹 원정군 사령관 드 리즐 장군

1. 통킹 지역의 확보.

2. 대만 공격으로 중국 굴복시키기.

푸저우

대만

광저우

홍콩

하노이

후에

이에 맞서는 청군의 목표는 통킹에서 청군 세력 유지와 대만 방어.

광서 총독 반정신

청군은 북부전선–뚜옌꽝 방면에 흑기군 2천과 운남군 수천을 배치.

중국 광서성

뚜옌꽝

타이응우옌

랑선

껩

쭈

박장

박닌

션떠이

하노이

하이즈엉

하이퐁

랑선에 본부를 두고 껩과 추의 기지들을 최전선 삼은 서부전선에 광서군 1만∼2만여 명.

프랑스 통킹 원정군 병력은 2개 여단 1만여 명.

1여단

해병대 2개 대대   알제리병 3개 대대   경보병 1개 대대

4개 포대

2여단

보병   외인부대   아프리카병   경보병
3개 대대   2개 대대   1개 대대   1개 대대

3개 포대

이들 프랑스 병력의 주무기는 1874년에 개발된 그라스 소총

Fusil Gras

최신식
볼트액션 소총—
그라스 소총!

약실 뚜껑을 열고 닫으며
탄피 꺼내고 장전하는 청군의
스나이더 엔필드 소총보다
더 빠르고 편리하다!

쿳; 빨리 마우저
소총을 도입해야;;

197 제12장_ 청불전쟁 전개

프랑스군의 포병 전력은
최신예 드 방주 80mm포를
주력으로 한다.

보불전쟁에서 프랑스가 발린 건
후장식 신식 대포를
갖추지 못했기 때문!!

그 한을 뼈에 새기고
1877년, 세계에서 가장 앞선
후장식 대포를 개발!

드 방주 대령

암스트롱포나 크루프포 등의
기존 후장식 대포의 포미 폐쇄 시스템은
그 불완전성 때문에
화염이나 가스가 새어 위력 감소,
조준 오차, 각종 사고를 부르기 일쑤였다!

이에 포병 장교 드 방주는
포미 완전 밀봉 폐쇄 시스템을 개발했으니

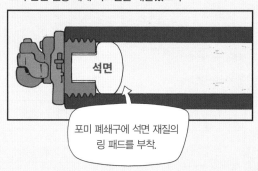

석면

포미 폐쇄구에 석면 재질의
링 패드를 부착.

포탄 발사 시,
압력으로 석면이 압축되며 포미를 완전히 밀봉하게 된다.

198

음~ 구수한
석면 스멜~

이 드 방주 80mm포는 그 운용 용이성과
신뢰도, 높은 기동성으로 프랑스 식민 제국
여기저기에서 아주 요긴하게 쓰였지요.

이에 맞서는 청군 포병은
독일제 크루프포를
주력으로 삼는다.

크게 꿀리진
않지.

영불놈들은 양아치지만
독일은 착한 거 같아요.
보불전쟁도 쩔었고!

청조는 일찌기
1871년부터 크루프사와 접촉하여
400여 문의 크루프포를 수입하고,
1880년대에는 복제 생산도 시작한다.

ㅇㅇ! 독일은 제국주의
침략 같은 거 안 합니다!

게다가 기술 이전도 해드리고
기술자 교육도 해드리고
포병 장교도 육성해드립니다!

새로운 시대!
독일이 군사 & 공학의
최고존엄이 된다!

그렇게 1880년대, 다수의 군사,
기술 유학생들이 독일行

포병 교육 유학생
단기서

그런데 이 전쟁 기간,
청군은 제해권을 상실했기에
포탄을 전부 육로로 베트남까지
날라야 한다는
사항이 있었지요….

양군의 전력, 화력은 대충 저렇고.
전선의 판도를 볼작시면,
중국 국경과 가까운 껩 방면
동부전선이 주전장이 될 것이다.

랑선
뚜옌꽝
타이응우옌
껩
추
밧닝찌
박닝
선따이
하노이
하이즈엉
하이퐁

서북쪽에는 지난번에
흑기군 축출을 위해
쓸데없이 깊숙이 진출한
뚜옌꽝 돌출부가 있는데,

뚜옌꽝에는 일단 병력 600 박아놓고…
동부전선 정리될 때까지 벙커링하고 있도록.

예?!?

밀림 한복판의 전진 기지에
포위된 프랑스군이라….

200

3천 병력을 둘로 나눠 주공은 껍으로, 조공은 추로 간다.

1884년 10월, 통킹에서의 메인 퀘스트는 청군 전력 증강 중인 껍과 추 공략! 이를 위해 드 네그리에 장군이 이끄는 3천 병력의 원정대 편성.

드 네그리에 장군

뚜옌꽝
랑선
타이응우옌
버뗏삐
껍
추
박장
박닌
선따이
하노이
하이즈엉
하이퐁

10월 8일 원정군 주력, 순조롭게 껍의 청군을 격파하고 껍 점령.

앞으론 껍치지 마라.

도니에르 중령의 추 방면 조공 병력은 증기선을 타고 룩남강을 빠르게 거슬러 올라가~

이곳 전쟁에서는 장차 건보트, 건쉽이 대세가 될 것이다!

10월 10일~11일, 추 방면 청군을 격파.

1884년 10월 1일 프랑스군 1800이 지룽에 상륙.

홍루이젠 이제
다 뒤졌다.

• 지룽
완화 •

• 루강

• 타이난

그리고 10월 2일,
프랑스 함대는
단수이로 향한다.

단수이
지룽

완화

대만의 행정중심지인
완화(훗날의 타이페이)로 들어가는
수로 입구인 단수이를
장악하고자 하는 것.

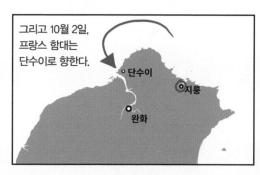

203 제12장_ 청불전쟁 전개

10월 2일, 단수이에 가한 프랑스 함대의 함포 사격은
단수이의 영국 영사관과 영국인 거류지를 덮친다.

영국인들은 미리 피난하여 인명 피해는 없었지만,
빡친 영국은 동양의 영국령 항구들에
프랑스 함대 입항 거부를 공지한다.

대만사무 유명전

유명전은 프랑스군의 침공에 대비해 물길에 낡은 선박들을 가라앉히고
유선 전기 기뢰들을 도처에 부설해 단수이 수로를 봉쇄.

병력 부족으로 고산족 전사들까지 불러다
참호에 배치. 이에 청군의 방어 병력은
1000여 명 남짓이 된다.

근데 고산족 놈들,
총은 쏠 줄 아냐?

인종 비하 발언
삼가주세요.

기뢰와 장애물들 때문에 프랑스 함대는
단수이 수로로 들어가지 못하고,

10월 8일 아침, 예상 지점에 프랑스
해병대 600여 명이 상륙을 개시한다.

함장들이 총 들고 직접
상륙 작전을 진두 지휘.

프랑스 해병대가 참호선을
향해 진격해 올라가는데

가시나무밭과 낮은 돌 울타리들에 막힌 프랑스군을 향해
청군 참호에서는 사정없이 총탄이 날아들고

1시간의 총격전 끝에 상륙 작전을 지휘하던 프랑스군
함장 3명 중 2명이 전사. 1명은 중상.

결국 오후 1시, 프랑스 해병대 퇴각

프랑스 함대는
지룽으로 철수.

단수이 전투의 승전 보고에 베이징은 급반색.

오오오!!!
프랑스군 300명의
목을 베었다고!!!

아니;아니;
프랑스군 사상자는
60여 명 정도입니다;;;;

통킹에서
우리 군이 연패하며
수천씩 죽어나간다는 소식은
귀에 안 들어오시나요;;

단수이 전투 승전 소식에 청조는 외교 루트를 통해
프랑스와의 강화 조건을 기고만장하게 제시한다.

프랑스군,
베트남에서 완전 철군.
앞으로 베트남에서 손을 뗄 것.

지옥에 계신 황제 폐하…
미개국 참교육의 길은
새로운 어이없음의
연속이군요….

이는 파리에서의
전략 논쟁에도
영향을 끼쳐,

원래 목표인
통킹을 널찍이 확보했으니,
이제 굳히기만 하면 되죠.
괜히 확전할 필요 없습니다.

육군 장관 캉페농 장군

저 머나먼 극동에 쓸데없이
에너지 낭비 하느라
진짜 중요한 유럽에서
우리 힘을 약화시키지 맙시다.

결국 1884년 12월, 캉페농 장군은 실각하고
확전파인 르왈 장군이 육군 장관에 임명된다.

1884년 12월
조선에서 갑신정변

통킹 원정군은 공세를 준비하라!
그 목표는 베트남 내 청군
최후의 거점인 랑선!

그리고 필요하다면
랑선 너머 중국 본토까지
진격한다!!

껩과 추에 공세를 위한
병력과 물자 집결.

이에 위기감을 느낀 청군은 반격을 준비.

추 앞에 요새를 건설하고
병력 2만을 박아 넣으면
프랑스놈들도 쉽게
처들어오지 못하겠지.

왕덕방 장군

1884년 12월. 1만 2천의 청 광서군은 추의 프랑스군 기지에서
동쪽 18km 지점 누이밥에 대규모 진지들을 구축한다.

베트남 지명은
정말 재밌다니까. ㅎ

누이밥에는 광서군뿐 아니라
중앙의 회상군 정예 병력도 내려오고.

심지어 팔기군
정황기까지 파견왔다?!

여긴 어디;
난 누구;;

누이 밥이든 오빠 밥이든
밥은 먼저 먹는 게 임자.

적이 방비를 갖추기
전에 먼저 친다!

1885년 1월 3일, 드 네그리에는
2천 병력으로 누이밥 공격 개시.

총격전에서
바르고!!

으아아야;
정초부터 뭔
총질이랴;;

고지에 대포를 올려
포격전에서 바르고!!

진지들이 하나씩 떨어지며 결국 누이밥의 청군 메인 요새도 지킬 수 없게 된다.

1885년 1월 4일.
청군, 전군 패주.

이제 다음 목표는
청군 최후의 거점,
랑센!!

그리고 그 너머
중국 본토!!

딤섬, 다
딤겼다. ㅋ

청
광서성

랑선

뚜옌꽝

타이응우옌

껩

추 누이밥

비엣찌

박장

박닌

선따이

하노이

하이즈엉

하이퐁

광서성 난닝

취이이이익

반정신은 베트남에서
패퇴를 거듭해, 이제 마지막
거점인 랑선까지 잃게 생겼음.

이제 프랑스군이 랑선 밀고
곧 국경을 넘어올 것인데ㅡ

베트남에서 패배를 거듭한
장군들에게 계속 군을
맡기기 어렵겠소이다.

아무래도
본토 결전을 위해~

풍장군이 광서군을
맡아줘야겠음.

하…

풍자재(67세)

굽씨의 오만잡상

주아브zouaves는 프랑스가 알제리 식민지에서 모집한 베르베르 병사들을 일컫는 말입니다. 1830년대 알제리 정복전쟁에 나선 프랑스는 베르베르 병사들의 용맹함에 깊은 인상을 받고, 이들을 프랑스군으로 끌어들여 주아브 병대를 창설합니다. 이들의 독특한 복장과 전투력은 신화적으로 서구 사회에 알려졌고 특히 크림전쟁 때 펼친 활약(깎아지른 절벽을 타고 올라가 기습, 초장거리 저격, 맹렬한 백병전 등)으로 세계에 깊은 인상을 남깁니다. 이들 주아브 병대는 이후 이탈리아, 멕시코 등 프랑스의 대외 원정에 두루 동원되었고, 베트남에도 파견되어 청불전쟁에서 활약하게 됩니다. 기실 이때 쯤 주아브 병대 병력의 태반은 프랑스인이나 기타 유럽인들로 채워져 있었다지요.

한편, 주아브의 위용에 감명받은 다른 국가들도 주아브 스타일 병대를 창설하게 되었으니. 스페인 주아브, 폴란드 독립군 주아브, 미국의 남군 주아브&북군 주아브, 교황령 주아브 등등이 등장합니다. 물론 이들 대부분은 알제리인으로 구성된 부대가 아닌, 보통은 그냥 주아브 복식과 제식 스타일만 본뜬 코스프레 부대였습니다. 주아브의 빨간 '몸뻬' 바지와 짧은 조끼, 빨간 통모자가 당대인들에게는 꽤 매력적인 복식으로 여겨졌기 때문일까요. 사실 저 빨간 '몸뻬' 바지가 당대 군인들의 뻣뻣한 양복 바지보다는 좀 더 편했을 것 같긴 합니다만.

제 1 3 장

진남관 대첩

광서의 관문은
프랑스인들의 두개골로
다시 세워진다 ㅋ

이제 베트남 내
청군 최후의 大근거지-
랑선 진격의 때가 왔다!

통킹 원정군 사령관
드 리즐 장군

이를 위해 통킹 원정군 증강!
그 병력은 1만 5천에
이르게 된다!

친불파 베트남인으로
구성된 통킹 대대도 합류.

제국주의 부역자 매국노라고
욕하기 전에 베트남에서
가톨릭교도로 함 살아봐라.

1여단장
조바니넬리 대령

2여단장
드 네그리에 장군

1885년 2월 3일

1여단과 2여단을 동원,
7500여 병력으로
랑선 진격 개시!

광서순무 반정신

랑선에 있던 청군 2만여 병력은
프랑스군의 진격로에서 산발적으로
작은 교전을 몇 번 벌였지만;;

결국 랑선 수비를 포기하고
청 본토로 철수.

제 정신이면
저 프랑스군의
진심 공격에 맞서
싸울 수 없죠;;

반 정신이잖아요.

1885년 2월 14일, 프랑스군 랑선에 무혈 입성.

뚜엔꽝
랑선
파이꽁무엔
쩸
충
짜이빙
박닌
하노이
하이즈엉

랑선은 이제
프랑스선이다.

랑선은 빼어난
풍광으로
이름난 명승지.

프랑스 영토의
아름다움이
늘어나는군요.

청군이 랑선에
방기한 다량의 화포와 탄약,
각종 물자 획득.

중국놈들 크루프포를 수입해 쓴다 한들
제대로 수학을 익힌 포병 장교 양성이
미진하기에, 결국 무쓸모로
버려지기 마련이죠.

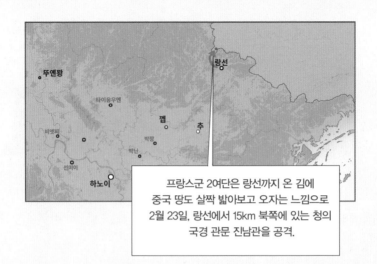

프랑스군 2여단은 랑선까지 온 김에
중국 땅도 살짝 밟아보고 오자는 느낌으로
2월 23일, 랑선에서 15km 북쪽에 있는 청의
국경 관문 진남관을 공격.

오, 저게 광서의
관문인가.

여권 제시요.

2월 25일 프랑스군은
진남관 관문을 불태우고
랑선으로 돌아온다.

그리 불태운 자리에
'광서의 관문은 이제 없다'
—라고 적은 현판을 남기고
돌아왔죠. ㅎ

광서의 관문 -이었던 것

외인부대를 포함한 프랑스군 600여 명이
주둔한 뚜옌꽝 전진 기지는
1884년 11월부터 계속 고립된 상태.

결국 제1여단이 뚜옌꽝으로 진격하자
흑기군과 운남군은 패주.
1885년 3월 2일, 뚜옌꽝 포위가 끝난다.

외딴 정글 기지에
포위된 외인부대는
결국 화려하게 구출된다는
선례를 확립!!

크흣;
정글 해방구 건립의 꿈이
이렇게 무너지다니;;

(이들은 훗날 대만으로 서버를 옮김.)

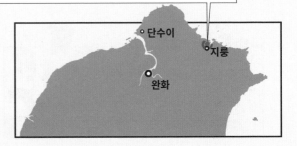

단수이 전투 이후 대만 전역에서는 프랑스 상륙부대가
지룽의 교두보에만 틀어박혀 있는 중.

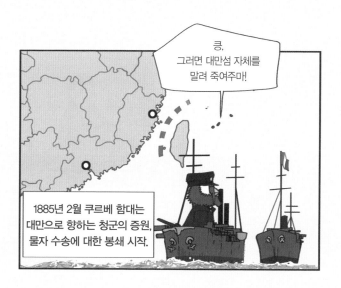

군기대신 순친왕

남양수사 제독 오안강

와아!! 저 더러운 파벌주의 보소!!

국운을 건 전쟁을 치르는데 자기 조직 아낀다고 힘 안 보태고 사리다니!!

일단, 이딴 전쟁에 국운 안 걸렸고요.

북양수사의 전력은 만약의 사태에 대비, 수도권 방위를 위해 온존되어야 합니다.

그리고 갑신정변 이후 조선에서 일본 세력과 기싸움 중인데,

그 대치에서 밀리지 않기 위해서는 북양수사의 황해 웅거가 필요합니다.

청군은 배타고 황해 건너오는군요.

…솔까말 이딴 삽질 전쟁에 내가 키운 북양수사 우리 애들 전력을 쓸데없이 낭비하고 싶지 않은 건 사실이지요…

….

닝보 아래 석포만으로
도주한 프리깃과 슬루프는
프랑스 어뢰정으로 처리.

이후 프랑스 함대는 장강 하구
봉쇄 작전을 추진해 보지만,
사실 전혀 실효성 없는 계획이었지요.

함선 숫자도
부족하고;

장강 하구에 서양 해운사들이 드글드글
들어와 있는데 어디서 프랑스놈들이
함포질을 해제끼려 드냐?!

뭐, 바다에서는 중국 함선들도 잡았고,
통킹은 랑선에 2여단 박아놓고
북부에서 1여단이 저항 세력
소탕전 펼치고….

이제 전쟁 대충 끝난 거 아닌감?
작전 목표 다 달성한 거 같은데.

질 페리 총리

랑선에서 진남관까지
거리는 16km 정도.
한나절이면 갈 수 있을 것 같지만
길이 거지 같아서 실제로는
하루가 넘게 걸리는 길이지요.

하노이와 추, 랑선을 잇는
보급로와 기지들을
유지하기 위해
병력을 나눴기 때문에
2여단 병력 중
실제로 중국 국경을
넘을 수 있는 병력은
2100명 정도.

국경 너머에 살짝 걸친
한 발자국이라는 느낌.

3월 중순, 프랑스군은 진남관 못 미친
동당에 전진 기지를 유지한다.

Meanwhile, 이 프랑스군에
맞서 싸워야 할 광서성 쪽에서는—

랑선에서의 패주 후,
광서순무 반정신은
그 책임을 지고
사직서 제출.

(사직서는 반려된다.)

그 와중에 국경 지대에 모인
잡다한 병력들의 지휘 체계가
붕 떠버린다.

안남군, 광서군, 상군, 복건군, 팔기군 등등.

다른 부대 아저씨들
호칭 뭐라 부름?

아저씨가 아니고
전우님.

이 어수선한 군중에 前 광서제독 풍자재가
자신의 제자 집단인 췌군을 이끌고 등장!

광서의 군무를 맡으라는
조정의 명을 받고 풍자재
급히 오다!

거러췌!
췌군!

광서군무 풍자재

풍자재는 1850년대, 태평천국전쟁 초창기부터
군을 이끌고 태평천국에 맞섰고,

1868년에는 광서제독으로 태평천국 잔당을
격퇴해 베트남으로 쫓아낸 바 있다.

이에 전선의 2만 병력은 풍자재를 야전 사령관으로
지휘 계통 일원하에 합의한다.

망한 조별과제
조장은 아무나
할 수 있는 게 아니지….

짬과 권위를
인정해드려얍죠~!

일단, 진남관 뒤쪽에 참호와 진지를 구축해야 함.

진남관 뒤쪽 분지 지형이 아주 이상적인 덫이거든.

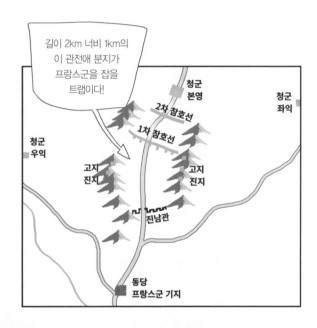

길이 2km 너비 1km의 이 관전애 분지가 프랑스군을 잡을 트랩이다!

청군 본영

청군 좌익

2차 참호선

1차 참호선

청군 우익

고지 진지

고지 진지

진남관

동당 프랑스군 기지

관전애 분지의 양옆 산들에도 진지를 구축.

근데 이리 열심히 진지공사했는데 프랑스군이 안 오면 어떡하죠?

오게 만들려면—

1885년 3월 22일,
동당의 프랑스군 기지를
청군이 선제 공격 후 도주.

아니, 저것들이
미쳤나?!

흐흐~
쫄보 ㅃㅃ~

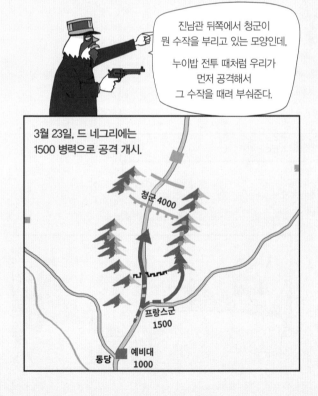

진남관 뒤쪽에서 청군이
뭔 수작을 부리고 있는 모양인데,

누이밥 전투 때처럼 우리가
먼저 공격해서
그 수작을 때려 부숴준다.

3월 23일, 드 네그리에는
1500 병력으로 공격 개시.

청군 4000

프랑스군
1500

동당

예비대
1000

그러나 프랑스군은 청군의 거센 저항에
부딪쳐 참호선을 돌파할 수 없었고

프랑스군의 양옆 고지 진지들에서는
계속 총탄이 날아들고.

전투는 다음날까지 계속되고
청군의 좌익과 우익, 합류 시도.

청군 4천

청군 2천

프랑스군
1500

왕덕방의 상군
3천~5천

당동

프랑스군
본영 1000

이리 말리다가
이 분지 덫에 갇혀
전멸할 각인데요;;

칵; 정녕 여기가
호로곡인가;;

3월 24일,
프랑스군 급히 진남관을 빠져나와 후퇴.

전멸하지 않은 게
다행이다;;;;

300여 명의 사상자를 내고 랑선까지 패주한다.

굽씨의 오만잡상

청불전쟁기 격전의 무대였던 랑선은 그로부터 94년 후, 훨씬 큰 불길에 휩싸이게 됩니다. 1979년 중월전쟁이 터지며 중국군이 랑선을 메인 타깃으로 삼아 공격한 것이지요. 중월 국경의 산간 지대, 그 산들 사이 계곡같이 뚫려 있는 통로 한가운데 관문이 바로 랑선이었기 때문입니다. 2월 17일 중국군은 13만 병력을 동원해 랑선 공격을 개시. 랑선 전체를 포위하려는 중국군의 공세에 베트남군도 그 비슷한 규모의 병력으로 맞서며 2주간 격전을 치릅니다. 그러다 결국 베트남군은 후퇴하고 3월 5일 랑선은 중국군에게 점령됩니다. 양측의 주장대로라면 이 랑선 전투에서 중국군은 최대 1만 9천의 사상자를, 베트남군은 1만 이상의 사상자를 냈다고 합니다. 중국군은 랑선을 초토화한 후, 랑선 점령으로 이 전쟁이 자신들의 승리로 끝났다고 선언하며 점령 당일 바로 철수를 시작, 3월 16일 전쟁을 끝냅니다. 이는 베트남 국경의 자물쇠인 랑선을 땄으니 이는 수도인 하노이까지 자동으로 열리는 체크메이트라는 것이고, 그런 체크메이트 수를 뒀으니 이 전쟁은 중국의 승리라는 논리지요. 그리 승리 선언하고 자리를 뜬 중국에 대해 베트남 측은 당연히 콧방귀를 뀌며 자신들의 승리를 선언했습니다. 이후로도 국경 지대에서 국지전이 10여 년간 계속되긴 했지만 아무튼 전쟁 자체는 그렇게 무승부로 끝나게 되었지요. 청불전쟁 때도 중국군이 랑선을 점령한 후 전쟁이 무승부로 끝났고, 중월전쟁 때도 중국군이 랑선을 점령한 후 전쟁이 무승부로 끝났으니, 실로 역사의 요지라 할 만한 땅입니다. 그 랑선이 오늘날에는 중월 교역의 중심지이자 관광지로 크게 번영, 중국 투자자들의 건물이 여기저기 들어서고 위안화가 통용되고 있다지요.

제 14 장

End of
청불전쟁

청불전쟁은 양측 공히 포로를 별로 잡지 않는 전쟁이었습니다.

일단 중국놈들은 프랑스군을 잡으면 무조건 목을 베어갔거든요.

닭의 목을 쳐도 새벽은 온다!!

청군은 전쟁 기간 내내 프랑스군 수급 하나당 6냥~24냥의 보상금을 지급했습니다.

일종의 지역경제 활성화 정책이라고도 할 수 있지요.

이리 잘린 프랑스 병사들의 목은 길가에 효수되었고.

몽듀!!!

아니, 뭐 단두대 공개 처형 제도가 있는 프랑스 사람이 이 정도에 그리 크게 놀랄 건 아니지만~

이 야만인들이 감히 문명대국 프랑스인의 시신을 능멸하다니!!!

프랑스군 쪽에서는 청군의 만행에 분노해 청군을 포로로 잡기보다는 집단 학살하는 경우가 많았다고.

그쪽은 우리 수급 하나당 얼마 쳐줌?

'야만인'들의 저런 참수 관습은 이쪽이 이기고 있을 때는 분노의 대상이지만

지고 있을 때는 공포의 대상으로 바뀐다;;;

때문에 3월 24일 진남관 전투 이후 프랑스군의 패주는 말 그대로 패닉 Run.

목을 내놓으면 목숨만은 살려주마!!

부상병들도 챙기지 못할 정도로 허겁지겁 달아났다고;;;

오오!
프랑스군 모랄빵인가!
그대로 추격해서
섬멸 각이다!!

어; 음…

광서군은 기세를 몰아 프랑스군을
추격해 베트남 국경을 넘는다.

카운터
어택이다!!

이에 2여단장
드 네그리에 장군은
병력을 정비하고
3월 28일, 랑선 바로 앞,
키 루아에서
중국군의 공격에 맞선다.

참호 파고
수비하면
막을 수 있다.

키 루아에서 프랑스군은
청군의 공격을 분쇄.
청군은 큰 피해를 보고 퇴각.

컥, 이게 진짜
카운터 어택인가;

238

그런데 이날 전투에서 여단장
드 네그리에 장군, 가슴에 피탄.

컥, 내 죽음을
적에게 알리지 말라;

(기적적으로 죽지는 않았다.)

치명상을 입은
드 네그리에 장군이 후송되고
남은 장교 중 최선임인 에르벵제 중령이
임시 여단장을 맡게 된다.

으어;;; 나도 말라리아
때문에 후송 가야 되는데;;

에르벵제 중령

진남관에서 패배 이후로
장교들도 많이 잃었고;;
진중에 말라리아도 퍼졌고;
중국군 4만 대군이 이제 곧
쳐들어올 거고;

아니, 아군 전면의
중국군 병력은 최대치로
잡아도 1만 이하입니다만.

우리 2여단 병력 2천으로
랑선의 수비 시설을 활용하면
충분히 맞설 수 있죠.

무리다!!!
랑선은 적진과 너무 가까워!!
여기서 꾸물거리다가는
전원 끔살당한다!!!

예??!

2여단 전체,
추까지 철수한다!!!

뭐, 뭐?! 이 새캬?! 안 돼!!!
지금 증원군 1500
올려 보낼테니까
랑선에서 버텨!!!

에르벵제의 철수 결정에 놀란
하노이의 원정군 사령부는

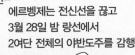

전신으로 철수 중지와
랑선 수비를 명하려 했지만—

에르벵제는 전신선을 끊고
3월 28일 밤 랑선에서
2여단 전체의 야반도주를 감행.

베트남 정글에서 프랑스군이 적에게
포위되기 전에 재빨리 철수하는 게
얼마나 중요한 일인지는
후대인들이 평가할 것이다.

키 루아 전투 후, 베트남으로 재진입을
포기하고 있던 광서군에 베트남인들이 찾아와
프랑스군의 철수를 알려준다.

아, 지금 랑선
빈집이라니까요?!!

프랑스놈들
다 튀었다고!!

설마, 무슨
공성계
같은 건가;;

3월 30일 청군, 랑선에 무혈입성.

이번에는
프랑스군이 방기한
다량의 물자가
청군의 손에 들어갔다.

오, 바게뜨에
속을 채워먹으니
반쯤 맛나는데!?
半味?

파리에 진남관 전투 패전과
랑선 패주 소식이 즉각
전신으로 전해지고.

원정군이 중국 본토로
들어갔다가
개박살 났다고?!!?

진남관
패전!

랑선
RUN!!

개발린 다음, 랑선
버리고 패주하느라
수백 명이 죽었다고?!

부상병들도
다 버리고
튀었다고?!

다소 과장으로 뻥튀기된 패전과
패주 소식에 민심 폭발.

1885년 3월 30일, 쥘 페리 총리는 긴급 군사 예산을 의회에
청했으나 의회는 총리에 대한 불신임 투표로 응답.

페리 총리는
좌·우, 매파와 비둘기파
모두에게 공격당하고―

클레망소

표결 결과 306 대 149로,
쥘 페리 실각.

신임 총리 앙리 브리송

1885년 초부터 영국의 주선하에
청의 해관 총세무사 로버트 하트가
청불간 화평 교섭을
비밀리에 추진하고 있었다.

이에 1885년 3월 말,
파리에서 본격적인 종전 교섭이 진행된다.

프랑스 외무장관
샤를 드 프레이시네

청 해관 런던 사무소장
제임스 던컨 캠벨

이 종전 협상 추진 소식에
베이징은 매파와
비둘기파로 갈려 쟁론.

아니, 아니,
다 이긴 겜.

왜 이쪽에
서 무승부를
간청함?!

더구나 진남관과 랑선 말고도,
3월 23일,
북부전선 푸 램 타오에서
흑기군과 운남군이 알제리 대대를
패주시켰다는데!!

프랑스놈들,
말라리아로 몇 천씩
픽픽 쓰러지고 있다는데!

사실임;;

이제 조금만 더 몰아치면
이 전쟁 이기고! 베트남도
다시 중화의 품으로 돌아오고!
대청 중흥의 태양이 뜰 참인데!!

하아;
현실감각 좀 갖고
살아주세요;

통킹 삼각주는 여전히
1만 5천 프랑스군의 통제하에 놓여 있고,
우리 군은 자리를 지키는 것만으로도 벅차
적들을 통킹에서 몰아낼 능력은 확실히 없습니다!

더군다나 바다에서는 복건수사 전멸과
남양수사 반파로 제해권이 완전히
프랑스 극동 함대에 넘어갔고,

3월 30일에는 펑후제도가
프랑스군에게 점령당함!

대만 봉쇄의 자물쇠가
완전히 닫혔다고요!

취안저우

샤먼

완화

루강

펑후제도

탕이난

이 가망 없는 전쟁을 이어가는 와중에,
조선에서는 갑신정변 이후 우리 군 2000과
일본군 10000이 대치하며 기싸움 중인데!!

얶ㅋ
용쓴다. ㅋ

프랑스와 전쟁을 지속하면서
조선에서 일본까지
감당 가능하겠습니까?!

더구나 조선이 우리 뜻을 따르지 않고 러시아와 수교하면서,
러시아까지 극동 게임판에 등판하고 있으니,
베트남에 발이 묶인 채 이를 어찌 감당하겠습니까?!

하라쇼~!

뭣보다 가장 큰 문제는 돈!!
청조 1년 세수가 은화 약 8천만 냥인데,
이 전쟁에 전비 5천만 냥 이상을
썼습니다!

빚으로 전투 치르는
빚투다! 빚투!!

어… 돈이 없으면 곤란하죠….
듣고 보니 역시 평화가 최고 같네요.

그나마 진남관 전투와 랑선 수복으로 유리한
포인트를 딴 시점에서 교섭을 진행하는 것이 상책.
이쯤에서 종전으로 마무리하죠.

으크왁!!!!!

"이홍장 저 인간은
적장 10명보다
더 나라에 해로운
간신이로다!"

하; 매파와 비둘기파
다툼에서는 언제나
비둘기파가 욕 먹기 마련,

악담을 퍼붓는다.

오명을 감내함 역시
충신의 덕목일 터.

내 무덤에 침을 뱉든지 말든지~
어차피 내가 더
오래 살겠지만요.

그런데 청불전쟁 기간,
중국의 각 지역 신문들이
앞다퉈 애국주의적 논조하에
청군의 전황을 부풀리는
기사를 쏟아냈었기에—

《순환일보》
(1874 홍콩)

《호보》
(1874 상하이)

《술보》
(1884 광저우)

진남관 대첩의 대승으로
프랑스놈들은
일패도지할
일만 남았는데!!!

랑선에서 패주한
프랑스군, 이제 살짝만
밀면 본국으로 Run할
타이밍인데!!!

청군이 베트남에서 프랑스군을 밀어내지 못하고
종전을 추진함에 대해 중국 내 여론은 크게 실망한다.

하, 간신 겁쟁이들이
이 유리한 타이밍에
강화를 구걸하다니;

이홍장이
만고역적이여.

치사하게
북양수사도
안 움직이고.

이 전쟁에 대해 어떤 신화가
종전 당시부터 이미 자리를 차지한 것.

내부로부터의
중상이다.

1885년 4월 4일.
파리에서 청불 간 정전 합의.

무승부!

청불전쟁은 그냥 없었던 셈 치고
모든 걸 1884년 5월
톈진협약 때로 리셋!

정말 쓸데없는
전쟁이었네요….

2개월 후에 톈진에서
프랑스 공사 데 누아예와
이홍장 간에 청불신약이
정식으로 체결된다.

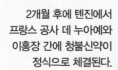

그래도 덕분에 19세기 후반
프랑스의 군사 모험주의
아드레날린 뿜뿜
분위기가 좀 꺾였지요.

기본적으로
1884년 톈진협약을 그대로 유지하여,
베트남의 프랑스 보호국화,
프랑스의 통킹 향유 인정.
청과 베트남의 기존 관계 단절.

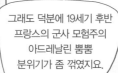

쥘 페리가 부르짖었던
박레 사건에 대한 청나라의
사죄와 배상 받아내기는
그냥 없던 일로.

무승부 전쟁이라
프랑스에 뭘 따로
떼주는 건 없음.

베트남 내 모든 청군과 흑기군까지
모두 중국으로 철수.

흑끼;
흑끼;

이제 우리의
다음 전장은
어디가 될 것인가;

그리고 베트남과 광서성 간 무역 관세율 인하,
중국 철도 건설에 프랑스 측
우선 사업자 선정 등의 소소한 합의.

싸운 건 싸운 거고,
비즈니스는
쿨하게~ ㅎ

응, 독일꺼
살 거야.

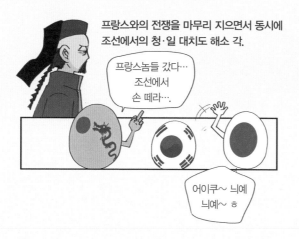

프랑스와의 전쟁을 마무리 지으면서 동시에
조선에서의 청·일 대치도 해소 각.

하지만 이제 더
복잡한 게임이 전개될 참이니….

굽씨의 오만잡상

※ 영화 스포일러 주의 ※

2017년 개봉한 〈용의 전쟁〉은 청불전쟁을 배경으로 풍자재의 프랑스군 격퇴기를 다룬 영화입니다. 성룡이 투자했다고 하죠. 이게 참 뭐랄까, 악어떼 습격 장면의 악어떼는 프랑스 침략자들을 빗댄 것일 거고, 베트남인들은 프랑스군에 부역하는 친불따 부대로만 등장하고, 프랑스군에게 고통받는 민중 역할은 묘족이 맡았고, 묘족을 학살하는 프랑스군 장교와 병사들은 다 흑인이고, 《손자병법》을 읽던 프랑스 장군은 중국인 미녀 비서를 희롱하고, 프랑스군은 기관총을 마차에 싣고 질주하며 청군을 쓸어버리는 타찬카 전술을 구사하고, 풍자재는 서양 물건이라고 성냥도 안 쓰는 꼰대고, 권법에 능한 중국인들이 줄 타고 날아다니면서 프랑스군을 기습하기도 하고, 그렇게 잡은 흑인 장교는 양놈들도 띠 흘리며 패배하는 존재라는 걸 보여주기 위해 풍자재가 일기토를 걸어 담가버립니다. 암튼 진남관 전투가 치열하게 벌어지고 풍자재는 군율을 세우기 위해 아들에게 자결을 명하기도 하고, 폭발 효과나 액션이 좀 저예산 티가 나기도 하고, 〈태조 왕건〉에서 본 듯한 산비탈 스티로폼 바위들 굴리기도 하는 와중에, 클라이맥스 신scene으로 산에 설치한 화약과 기름을 터뜨리는 화공 장면이 나옵니다. 밤하늘을 배경으로 산에서부터 불길이 화아아악 프랑스군을 덮치는데 그 거대한 불길 CG가 카트라이더 아이템 임팩트보다 약간 낮은 퀄리티라는 부분은 차치하고, 불길이 용의 형상을 띠고 있습니다. 여기서 용의 형상이란 불 모양이 얼핏 보면 용 모양으로 보일 수 있다는 뜻이 아니라 정말로 뿔과 입구녕을 구체적으로 묘사하며 산에서부터 꾸불꾸불 내려오는 용의 몸통을 제대로, 아니 제대로는 아니고 디아블로2 CG 수준으로 구현했다는 뜻입니다. 아, 그래서 제목이 〈용의 전쟁〉인 거군요. 그린 스크린 앞에서 놀라며 제자리뛰기 하는 프랑스 병사들과 베트남 병사들이 그 미끈미끈한 불길에 닿자마자 온몸이 불타며 쓰러집니다. 그리고 총돌격을 명하며 내지르는 풍자재의 워크라이가 용의 괴성과 합쳐지며 진남관 전투는 청군의 승리로 결착나는군요. 이 〈용의 전쟁〉이라는 제목을 보자니, 그보다 10년 앞서 나온 영화 〈D-War〉가 생각나기도 하는데요. 아무튼 성룡 형님, 분명히 제작비 슈킹한 놈이 있을 것이니 꼭 잡으시기 바랍니다.

제15장

인아책

1885년 초, 갑신정변 이후
조선에 출병한 청일 양국군의 대치가 계속되고.

창덕궁에서
청군이 이겼지!

프랑스한테
전쟁 발리고 있으면서
허세 ㄴㄴ

갑신정변은 일본
잘못이잖아요?
병력 빼시죠.

**도쿄에서 청일 양국 간
교섭이 진행되고 있다.**

아니, 먼저 공격한
그쪽 잘못이죠.
병력 빼시죠.

**주일 청 공사
서승조**

그럼 걍
동시에 뺄까요?

**외무경
이노우에**

그리고
이 모든 것을
못마땅해 하는
조선의 임금.

조선 임금을 허수아비 삼아
친일 정권 세우려던
일본놈들….

조선 임금을
원 간섭기 충○왕 취급하는
중국놈….

크앗!!!
떼놈 간섭에서 벗어나고 싶었다!!
하지만 왜놈들은 더 혐성이고!!!

저 두 극혐 사이에 찡겨 있는
이 상황! 통탄스럽도다!!

아무튼 이 상황에서
자력 탈출은
힘들다는 거군요.

ㅇㅇ.
가능하다면 다른 강대국을
불러들여서 저놈들을 다
내쫓는다면 어떨까 싶소만.

…현 세계 최강인
영국이라든지?

그 영국의 극동 정책은
현 주청 공사 해리 파크스가
완전히 주무르고 있는데 말이죠-

2차 아편전쟁으로 출세하고
메이지 유신 전 과정을
감수한 살아 있는
극동 현대사.

청나라와 일본에
막대한 영향력을 발휘하며
그 두 나라의 세계 무대 등판을
조련하고 있다 해도 과언이 아닌,
극동에서의 영 제국
그 자체인 사람이죠.

자, 너님들이 이리
근대화에 노력해야 하는
이유는 말이죠-

청일 양국을 극동에서의
對러시아 전선 보루로
삼기 위해.

러시아가 당신들 적이니,
쓸데없이 서로 싸우지 말고
대러 방비에 집중해요!

으어어.
(탈청하고 싶어요~)

그런 파크스에게
조선은 어디까지나
청나라의 전통적 나와바리.

거, 뭔 똘마니가
자꾸 현상유지 깨뜨리려고
쓸데없이 바둥거리누?!

청나라의 조선 정책
존중을 기본
방침으로 한다.

때문에 영국은 조선에 전권 공사를
보내지 않고, 베이징의 **駐**청 공사가
駐조선 공사도 겸직하게 한 것.

駐청 공사
파크스

駐조선 총영사
애스턴

총영사는 공사보다
끗이 낮잖아. ㅂㄷㅂㄷ

1차 조영수호통상조약을
억지로 2차 조약으로 개정,
더욱 불평등하게 개악한 영국의 처사에
조선은 처음부터 치를 떨었고.

저, 조선
자주 개화에
도움 좀—

삐삑~!
변방 약소 속국민은
말 걸 수 없는
대상입니다~!

영국은 김옥균 등
개화파의 접근도
냉대하여 떨쳐낸 바 있다.

So, 저 험글로 험슨
놈들은 거르는 것이 답.

그러면 인의지국
아메리카는
어떨지요.

아아, 미국은 조선에 정식으로
전권 공사를 파견해 줬지요! 실로 현재
가장 친근하게 여기는 서양 국가.

푸트 공사도
파크스 같은 인성 파탄자와는
비교할 수 없는 인의군자이고.

한미동맹
든든합니다!

ㅎㅎ—;;
아직 동맹은
아닌데요;;

하지만 태평양 너머 세상 끝에 위치한 미국.
그 힘과 관심이 이 조선 땅까지 닿아
파워 게임을 치르기에는 거리가 너무 멀다.

음, 태평양 경영을 구상할
시기가 오고 있긴 한데~

뭣보다 이번 갑신정변으로 미국 내
조선에 대한 여론이 꽤 싸늘해졌지요.

문명 개화 혁명가들이
친중 미개 수구파에게
패하다니!

그리고 목이 잘리고
연좌제로 가족들까지
노예로 잡혀갔다지.

저 개화파는
저번에 미국에 왔던
사람들이잖는가.

그리고 미국이 박영효, 서광범, 서재필 등의 망명 요청을
받아주고 조선의 역적 범죄인 인도 요청을 거절하면서
한미 관계가 좀 소원해진 상황이죠.

······

미국은 모든 정치적 난민들에게
열린 피난처가 되어줄 것입니다~

So, 미국은 일단 훗날을 기약하며 킵해 놓도록 하고.

제국주의 열강 2짱인 프랑스를 논해보자면–

아니, 일단 프랑스는 아직 조선과 수교도 하지 않은 상태고요;;

(얼마 후인 1886년 6월에 수교.)

지금 청나라와 프랑스가 전쟁 중인데,

(저기요~ 무슈~!)

이 와중에 조선이 프랑스에 비밀 접촉을 시도한다면–

이건 진짜 바로 임금 날아갈 듯. ㅋ

뭣보다 베트남까지 집어삼킨 저 침략 근성 쩌는 프랑스놈들과 엮여서 좋을 일이 있을리가.

Remember 병인양요;

혐랑스다; 혐랑스;;

그리고 이 청불전쟁 전개 꼬라지 보니, 프랑스의 열강 파워라는 것도 생각보다 비리비리한 듯.

유럽으로 돌아가서 나폴레옹 관 뚜껑이나 제대로 덮어주쇼.

그렇다면 결국
선택할 강대국은—

○○.
조선이 매달릴 제국은—

헉;; 설마 나?!?;;
아직 준비가;;

大러시아 제국!!

라씨야 스비셴나야~ ♪

나샥 최르자바 ♬

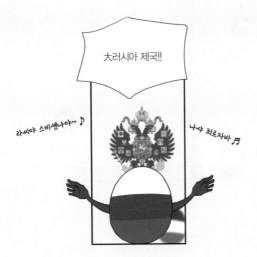

지난번에 중국놈들이 보낸
《조선책략》은 러시아를 무슨
마귀 사탄의 제국으로 묘사하며
조선이 조심해야 한다고 이빨 털던데—

거아책 : 러시아 거부하기
인아책 : 러시아 끌어들이기

인아책의 속셈을 좀 더 들여다보자면–

청나라가 중화질서 주속 체제의
국제법적 근거를 찾기 위해–

오스만 제국의 발칸반도
제속국 사례를 참조했다죠.

**그렇다면, 조선 역시
발칸반도의 사태 전개를 그대로 답습!**

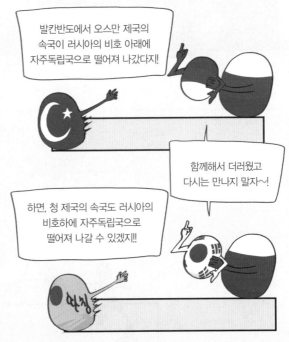

발칸반도에서 오스만 제국의
속국이 러시아의 비호 아래에
자주독립국으로 떨어져 나갔다지!

함께해서 더러웠고
다시는 만나지 말자~!

하면, 청 제국의 속국도 러시아의
비호하에 자주독립국으로
떨어져 나갈 수 있겠지!!!

러시아와는 1884년 7월에 수호통상조약을 맺었지만

정세 불안 등의 이유로 아직 서울에
러시아 공관이 개설되지 않았기에.

1884년 9월,
묄렌도르프가 톈진의 러시아
태평양 함대를 찾아가
메시지를 전했고.

A.E. 크로운 제독

제15장_ 인아책

조선 국왕께서는 정세 안정을 위해 러시아의 함선과 병력 200 정도가 인천으로 와주길 바라고 계십니다.

갑신정변 직후인 1884년 12월, 일본 나가사키 러시아 총영사관에도 메시지를 전한다.

예에?!;;

이에 일단 러시아 측에서는 진의 확인에 나서고.

서울에 가서 조선 국왕과 실권자를 만나 제대로 얘기를 들어보고 오게. 올 때 초코파이.

Da~!

주일 러시아 공사 다비도프

일등 서기관 시페이에르

1885년 1월 1일 시페이에르, 고종 알현.

새해 복 많이 받으시옵소서~

아, 우리는 아직 음력 쓰고 있소만;;

ㅎ, 사실 러시아도 아직 율리우스력 쓰고 있죠.

조선이 미국에 친근감을 갖고 있긴
하오만, '강력한 이웃 나라'만큼
의지가 되겠소이까?

부디 빨리 러시아 관리들이
조선에 와주길 바라오.

자세한 얘기는 여기
목참판과 나눠보시도록.

조선은 러시아가 발칸 소국들에 행한
바와 같이 조선에 대해서도 그 보호의
손길을 뻗쳐주길 바라고 있습니다.

청나라와 일본이 조선에 군대를 파병해 놓고
서로 으르렁거리고 있으니,
조선은 새우등 터지는 참화를
겪을까 두려워하고 있습니다.

어;; 그걸 그렇게 말씀하시니
꽤 정의롭게 들리는군요;;

난죽택~
난죽택♬
신나는 노래~♪

싸우려면
너네들 땅에서
싸우거라~

여기서 러시아가 군대를 보내
조선의 보호를 천명한다면,
청과 일본이 어찌 함부로
경거망동하겠습니까.

러시아가 그런 역할을
맡기 부담스러우시다면,
벨기에의 경우와 같이
만국이 보장하는 중립국화를
주선해 주십사~
부탁드립니다.

손목~ 아니,
와플 좋아하시나요?

벨기에 워너비
입니다.

물론 이를 맨입으로
바라는 건 아니고,
일이 성사된다면 조선은
러시아에 영일만을
조차해 드릴 수 있습니다!

얼지 않는
부동항입니다.
부동항!!

대게찜도
맛있죠!

블라디보스토크

텐진

영일만

상하이

나가사키

그간의 우리 측 제안에
러시아 측에서 뭔가
답이 있으시겠죠?

헐;

묄렌도르프의 교섭과 동시에 2월 7일,
연해주에 조선 관리들이 나타나
러시아 정부의 답신을 요구.

권동수   김용원   베네프스키 대령

이 모든 내용을 종합해 보고받은
상트페테르부르크에서는―

What the―;;;

1882년에 은퇴한 고르차코프의 후임.

조선이 러시아의
보호국이 되고
싶어 한다라고라?!

오오! 위기에 처한 변방 소국을
돕는다는 명예로운 과업!
동시에 극동에서 세력 대확장!!

차르 알렉산드르 3세

1881년 암살당한
알렉산드르 2세의
뒤를 이었다.

짐은 대찬성일세!!!

아이고! 폐하!!!
이렇게 아무 떡밥이나
덥석덥석 물으시면
아니되옵니다!!!

안 됨?

이건 엄청 미심쩍은
껀수라고요!!!

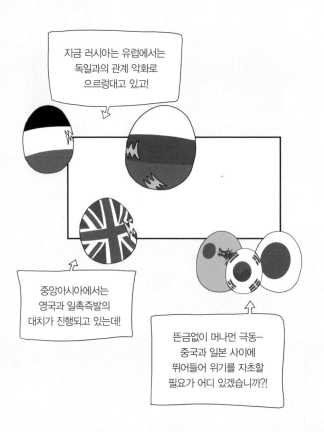

실제로는 유럽 쪽 러시아에서
머나먼 시베리아를 뚫고
극동까지 갈 방법 없고!

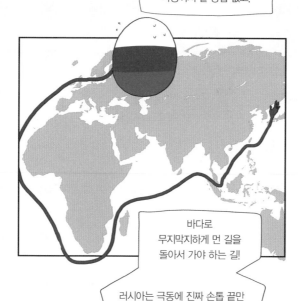

바다로
무지막지하게 먼 길을
돌아서 가야 하는 길!

러시아는 극동에 진짜 손톱 끝만
살짝 걸치고 있는 형세란 말입니다!

우리가 조선과의 수교를 통해 바라는 바는
그저 연해주 지역과 조선의 육상 교역을 통해
지역이 자활할 수 있기를 바랄 뿐이죠!!

조선의 저 보호국 제안은
절대 불가!!
방구석 키신저들의
지도 놀이 몽상일 뿐!!
상한 떡밥 절대 사절!!

무슨 큰 그림 따위 그릴
여력이 있을 리가 있나!!

뀨잉;;
아쉬움;;

그렇게 연해주에서
러시아 정부의
답장을 조선 측에 전달.

한문으로 번역해서
써드림.

스파씨바~!

'…조만간 조선에 공사 파견…
육상 교역 협상 진행합시다.
러시아 태평양 함대는 지역 평화를
위해 조선의 안위도 주의 깊게
지켜보고 있습니다. ○○…'

적당히 의례적인
답변일 뿐이고

우리 제안은
그냥 씹었네?

뭐, 앞으로 좀 더
진전 가능성이
있겠지요.

이번 조선과의 접촉은
그냥 큰 의미없는
해프닝으로 지나가면
좋겠군.

조선 국왕은
뭔 생각인 걸까…

각하!!! 그보다,
투르크멘에서
급보입니다!!

굽씨의 오만잡상

고르차코프의 후임으로 러시아 제국 외무대신을 맡은 니콜라이 기르스. 그는 그가 모시던 차르 알렉산드르 3세의 강렬한 캐릭터성에 가려져 전임자만큼의 명성을 가지진 못했습니다. 하지만 19세기 후반, 알렉산드르 3세가 평화의 수호자 칭호를 얻고 러시아 제국이 그 국제적 위신을 어느 정도 회복할 수 있었던 것은 기르스의 충실한 보좌와 컨트롤 덕분이었다 할 수 있겠습니다. 차르가 근엄하게 평화의 의지를 천명하며 폼잡을 때 기르스는 물밑에서 앙앙거리는 장군들을 달래고, 외무성의 유럽 파벌과 중앙아시아 파벌을 저울질하고, 차르의 머릿속 혐독 감정이 욱음으로 튀어나오지 않도록 손으로 막고 있어야 했습니다. 물론 알렉산드르 3세 스스로가 전쟁 회피 성향이 강했기에 그 의지를 충실히 수행할 외무대신으로 기르스가 중용된 것이었고, 기르스의 임무는 차르가 귀찮아하는 모든 정치질, 즉 강경파 달래기, 외국과의 밀당, 언론 플레이 등이었습니다. 차르가 싫어하는 독일에 대해서도 기르스는 되도록이면 베를린과의 협력 관계를 유지하는 데 최선을 다했습니다. 그러면서도 결국 러시아가 프랑스와 동맹을 맺는 방향으로 대국이 흘러가자 그 과정에서 프랑스로부터 최대한의 이익을 뜯어내기 위해 노력했지요. 기르스의 가장 큰 관심사는 중앙아시아 지역의 안정화로, 그 지역에서 영국과 충돌을 피하고, 몇몇 위기가 심각하게 흘러가지 않도록 협상을 벌여 그레이트 게임의 위험한 고비들을 무사히 넘길 수 있었습니다. 반면 극동에 대해서는 딱히 큰 관심을 두지 않았고, 극동 지역의 세력 구도나 정치 상황에 대한 이해도 별로 없었다고 합니다. 물론 그의 시대에는 러시아가 극동까지 적극적으로 물리력을 투사할 수단이 없었기에 그럴법한 일이었겠지요. 하지만 알렉산드르 3세와 기르스의 시대가 가고(흥미롭게도 둘 다 딱 청일전쟁 시기에 사망했죠), 시베리아 철도 공사의 진행과 함께 러시아의 극동에 대한 관심은 급격히 증가, 결국 지역 무대 등판으로 이어지게 됩니다.

제 16 장

Great
현피를 향하여

1885년 3월. 조선에서의 청·일 양국군 대치 문제를
교섭하기 위해 중국에 온 이토 히로부미.

여기까지 오신 김에,
같이 병문안이나 갑시다.

공친왕 전하의 깊은
위로 말씀 전해드립니다.

말라리아에 걸려 죽어가는 파크스.

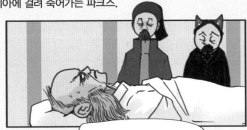

아아… 이 대인… 이토 공…
조선 문제 교섭을 위해
회담 중이군요.

현재 영국과 러시아는 중앙아시아에서의
대치로 일촉즉발의 전쟁 전야.

그 불길은 이곳 극동에까지 미칠 것인데,
그 와중에 청·일이 조선에서 싸우고 있으면
일은 한층 복잡하게 엉켜갈 것입니다.

그러니까!
제발 조선 문제 대충 타협하고
둘 다 멀찍이 물러서쇼! 좀!!

중국과 일본이 싸우게 되면
이 동네 역사는 앞으로 진짜
개—똥망진창 잔혹사가 될 거라고!!!

제발 싸우지 마!!!

이토, 당신이
영국 공사관에
불지른 거 진작에
알고 있었다!!!

1885년 3월 22일.
해리 파크스 사망(향년 57세)

중국과 일본을
가장 애정하며, 또 가장 경멸하며
보낸 30년이었다….

거, 죽은 사람 소원
들어줍시다.

1. 조선의 청군과 일본군
모두 동시에 전군
철수하는 걸로.

텐진에서 이홍장과 이토는
대충 합의에 도달.
〈텐진조약〉이 맺어지게 된다.

2. 청·일 양국은 앞으로 조선에
군사 교관, 고문단도 파견하지 않기로.

3. 조선에서 변고가 생겨
어느 한쪽 군대가 출병하면 다른 쪽도
조선에 출병할 권리가 있는 걸로.

변고 안 난다
이놈들아!!

그리고
그런 출병은 반드시
사전 통보해야 함.

대청 개전을
부르짖는 국내 여론이
이 정도 합의로
만족하진 않겠지만…

갑신정변에서
일본이 처발렸다는 걸
고려하면,

조선에서
청군 철수만으로도
이득이라 할 수 있죠.
언제든 다시 개입할 수 있고.

―라고 하는데 말이지!!
조선에서 청군을 거두는 건
일본놈들이 바라는 대로잖아!!

왜놈들한테 뇌물이라도
받아 처먹었남?!

영감탱이 아직
살아 있었나요;

조선에 병사 몇 명 두는 게
그리 중요한 게
아니라고요!!

어차피 인천이 북양수사의 기항지로
설정되어 있으니, 물리적으로 얼마든지
언제든지 조선을 컨트롤할 수 있고요.

인천에
차이나 타운도
형성 시작!

조선 국왕이 청일 양국군 철수
합의로 희희낙락하는 모양인데—

크핫핫! 이것이
과인의 신묘한 외교력!!
탈청, 탈왜 동시 달성!!

대조선
자주 독립 만세!!

1만 청병이
서울에 주둔하는 것보다
조선 국왕이 더 괴로워할 카드를
곧 서울에 보낼 것입니다.

흐○~
아들.

흐억?…;;;

조선의 저 하꼬 정치판쯤이야
병력 동원할 필요도 없이
얼마든 주무를 수 있다고요.

그렇게 1885년 4월 18일
톈진조약이 체결되는 와중에—

허걱?!

275 제16장_ Great 허파를 향하여

꾸궁

중앙아시아에서 영국과 러시아 충돌!!

일진 싸움 거하게 날 판이니 얼른 무대 비워줘야죠;;

아프간에서는 또 뭔 사단이 난 걸까요?!

40여 년 전, 1842년 1차 아프간전쟁을 치른 후, 영국은 아프간을 도스트 무함마드 정권 치하의 완충지로 설정.

괜히 서로 피보지 말고 대충대충 좋게좋게 갑시다~ ㅎ

1863년, 도스트 무함마드가 죽은 후, 그의 아들들과 여러 부족이 얽혀 치열한 권력 다툼을 벌였고.

아빠가 나한테 왕 준댔거든?!

3남 VS 장남

어디 아프간? 장자 계승이 상식이지!!

영국놈들이 적법한 왕위 계승자인 나를 무시했겠다?!!

다툼 끝에 왕위를 차지한 3남 실 알리 칸이 영국을 경원시하며 뚜렷하게 러시아 쪽으로 기울자~

하, 참교육 쿨타임 돌았나

1878년, 영국이 아프간을 침공하면서 2차 영국–아프간전쟁 발발.

전쟁 中인 1879년, 실 알리 칸이 사망하고.

하하! 아프간은 이제 을사보호조약을 맺게 된다!!

그 아들 야쿱 칸은 영국에 항복.

1879년 5월 간다막조약을 통해 아프간은 영국의 보호령으로 전락하게 될 판인데~

을사5적 다 쳐죽여라!!

(1879년은 사실 기묘년이지만)

1879년 9월 카불에서 반영 봉기 발발.

으어어어;

영국 통감 카바그나리 경과 인도병 70여 명이 학살당하는 2차 카불 참사 발생.

이것이 2차 영국−
아프간전쟁이다!

1880년 9월까지 영국군은
전투와 질병으로 1만에 가까운
사망자를 내며 아프간 평정에
매달려야 했다.

결국 1880년 9월
칸다하르에서
최후의 저항을 분쇄!
아프간전쟁 종결!

이후 영국은 도스트 무함마드의 장손인 압둘 라흐만 칸을
왕좌에 앉히고, 아프간의 외교권과 군권을 장악.
완전히 보호국으로 삼는다.

여왕 폐하께
충성− 충성~!

보호국 친영 정권 만들어 놓았으니
이 지긋지긋한 산 지옥에서
영국군은 다 철수할 거고!

영국군은 아프간 친영 정권이 온갖 반란으로부터
스스로를 지켜낼 아프간 신군 양성에 주력한다.

이무렵 러시아는 히바를 합병한 후,
남쪽 투르크멘까지 진격.
2년여에 걸친 고전 끝에 투르크멘까지 굴복시킨다.

그리하여 국경 분쟁이 벌어지고
긴장이 고조되던 와중에~

1885년 3월 30일, 판즈데에서
러시아군과 영국 고문단이 지도하는
아프간 신군이 충돌.

판즈데 전투에서 아프간 신군은
600명이 전사하며 대패.
(러시아군 사상자는 40)

이 뉴스는
런던을 충격에 빠뜨린다.

판즈데 전투로
아프간 친영 정권이 흔들리고!
러시아를 등에 업은 불만 부족들의
大반란 웨이브 다시 시작된다!!

비관적인 전망이 넘치는 와중에—

컥, 3차
카불 학살 각인가?!

글래드스턴 총리의 자유당 정부는
당의 평화주의 정책 기조와
궤를 달리하는 강경책으로 내몰린다.

여기서 강경하게 나가지 않으면
정권이 무너지겠지요.;;

2차 글래드스턴 내각

이게, 얼마 전에
이집트 남쪽 수단에서
大반란 사태를 맞이하였는데

알라 후 아크바르!!
영국놈, 애굽놈 다 꺼져라!!!

1881년
마흐디전쟁 발발!

무함마드 아마드

으음;;
대충 수단에서
철수하는 걸로;;

–라는 패배주의는
영 제국에게는 있을 수 없어!!
수단과 방법을 가리지 않고
수단을 평정하겠다!!

1884년 수단 총독으로 임명된
찰스 조지 고든은
글래드스턴 정부의 방침과는 달리
수단 하르툼에서 항전을 고수.

끄억;;

지옥에 있는
홍수전에게
안부나 전해줘라!

결국 1885년 1월 26일,
하르툼이 함락당하면서
고든은 마흐디군에 의해
참수당한다.

삼고빔~
삼가 고든의
명복을 빔~

정부가 고든을
버렸다!!

글래드스턴의 유약함으로
유니언잭이 전세계의
비웃음 거리가 됐다!

이 하르툼 참사로
자유당 정부는 거의
붕괴 직전까지
내몰리고 있는 상황.

여기에 판즈데 전투
소식까지 겹치면서
정부 지지율은 곤두박질.

대러 햇볕정책이
러시아의 오만함만
키워줬다!!

오키!
강경 대응 ㄱㄱ!!!
러시아와 전쟁 불사!!

군의 대러 전쟁 계획을
진행하시오!!

영국 본토 병력들이 인도로.
인도에서 아프간으로 이동 시작.

2차
크림전쟁 각인가;;

해군도 대러 전쟁 계획안대로
함대 전개 개시.

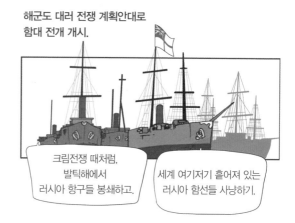

크림전쟁 때처럼,
발틱해에서
러시아 항구들 봉쇄하고.

세계 여기저기 흩어져 있는
러시아 함선들 사냥하기.

극동 지역을 보자면, 크림전쟁 때보다
극동의 러시아 세력이 좀 더 보강되었고.

조선이 러시아에 항구 제공을
제의했다는 첩보도 들어와 있습니다.

해군 참모총장 존 헤이 경

음, 그렇다면,
역시 그 계획을
진행해야겠군….

극동의 세 바다—동해, 황해, 동중국해의 중원 화점!
제주도는 너무 커서 간단하게 점거하기 좀 꺼림직하지만,

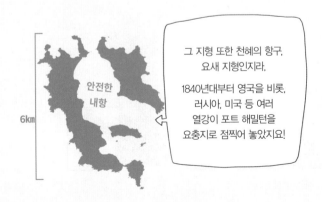

판즈데 전투 2주 후인 1885년 4월 14일.
나가사키의 영국 동양 함대에 포트 해밀턴 점거 명령 하달.

나가사키 출항 하루 만에 HMS 아가멤논,
포트 해밀턴 도착.

1885년 4월 15일.
영국군, 거문도 점거.

주요 사건 및 인물

주요 사건

갑신정변 〈혁신정강〉

1884년 12월 4일, 갑신정변을 일으킨 개화당 세력이 12월 6일 발표한 개혁안으로, 훗날 김옥균이 《갑신일록》에 수록한 14개조가 기록에 남아 있다. 대원군 조속 귀환 및 조공 폐지, 만민 평등(양반 문벌 폐지), 지조 개혁, 내시부 폐지, 탐관오리 처벌, 지방 환곡 폐지, 규장각 폐지, 경찰 제도 도입, 혜상공국 폐지, 각종 옥사를 재조사해 억울한 자들 방면, 친군 4개 영을 1개 영으로 통합하고 근위대 창설, 국가 예산은 호조에서 관리, 6조의 대신과 참찬은 내각으로 기능, 6조 외의 불필요한 중앙 부처 폐지 등이 〈혁신정강〉의 내용이다.

보빙사 報聘使

조미수호통상조약 체결 후, 1883년 초대 주한 미국 공사 루셔스 H. 푸트가 전권 공사 자격으로 착임하자 고종이 그 답례로 파견한 방문 사절단이다. 정사 민영익, 부사 홍영식, 종사관 서광범, 경호 무관 최경석, 역관 고영철 외에 변수, 유길준, 현흥택 등으로 구성되었다. 1883년 7월 인천을 출발해 일본에 들른 후, 태평양 횡단 여객선 아라빅호를 타고 9월 샌프란시스코에 도착했다. 40여 일의 체류 기간 동안 뉴욕에서 미국의 체스터 대통령을 접견했고, 박람회, 병원, 금융 시설 등을 시찰했다.

제2차 영국-아프간전쟁

1863년 아프가니스탄의 토후 도스트 무함마드가 죽은 후, 권력 다툼 끝에 즉위한 무함마드의 3남 실알리 칸이 영국을 멀리하며 러시아 쪽으로 기울자, 1878년, 영국이 아프간을 침공하면서 발발한 전쟁이다. 1880년 9월, 칸다하르에서 영국이 아프간의 마지막 저항을 분쇄하면서 종결되었다. 전쟁 결과, 영국은 아프간의 외교권과 군권을 장악하고 아프간을 보호국으로 삼았다.

조로수호통상조약 朝露修好通商條約

1882년 임오군란 이후 조선에 대한 청나라의 간섭이 점점 심해지자, 고종은 러시아와의 수교를 통해 청의 간섭으로부터 벗어나고 조선에서 청과 일본, 러시아 간의 세력 균형을 도모하고자 했다. 이에 고종은 외교 고문 묄렌도르프의 주선으로, 주청 러시아 공사인 베베르와 교섭해 청의 반대에도 1884년 7월 조로수호통상조약을 체결하고 정식으로 국교를 수립했다. 하지만 러시아의 상주 공사 파견은 생각보다 늦어지게 된다.

조일통상장정 朝日通商章程

1883년, 조선의 민영목과 일본의 다케조에 신이치로가 양국의 대표로 조인한 통상조약이다. 모두 42개조로 이루어졌는데 주요 내용은 화물의 해관 통관 시 관세 납부, 일본에 대한 최혜국 대우, 쌀 수출을 금지할 수 있는 조선의 방곡령 선포 권한(1개월 전 일본에 사전 통지), 아편 수입 금지, 상호 연안 어장 개방 등이다.

청불전쟁 淸佛戰爭

1884년 5월 체결된 톈진협약을 통해 일단락된 것처럼 보였던 베트남에서의 청과 프랑스 간 위기는, 6월 박레 사건을 통해 다시 발화되었고, 8월 청의 복건 함대가 프랑스 극동 함대에 의해 섬멸되면서 '청불전쟁'이 시작되었다. 통킹 지역의 확보, 대만 공격 등을 목표로 하는 프랑스군과 이를 저지하기 위한 청군의 공방전은 이듬해까지 계속되었다. 대체로 프랑스군의 우세 속에서 전쟁이 진행되었으나, 1885년 3월 진남관에서 프랑스군이 패한 후 랑선에서 패주하면서 쥘 페리 내각이 무너지고 앙리 브리송이 신임 총리가 되었다. 양국은 1885년 3월 교섭을 시작해 4월 4일 파리에서 종전 최종 합의에 이르렀다. 이어서 6월 청불신약을 체결해 프랑스의 베트남에 대한 종주권을 재확인하면서 전쟁은 무승부로 끝났다.

톈진조약 天津條約

갑신정변 후, 1885년 톈진에서 청의 이홍장, 일본의 이토 히로부미가 맺은 조약으로 조선에서의 청과 일본 간 충돌 방지와 세력 균형을 목적으로 했다. '조선에서 청군과 일본군 모두 철수, 청일 양국의 조선에 대한 군사 교관 또는 고문관 파견 금지, 조선에 출병할 경우 미리 상대측에 통보, 출병할 경우에도 최대한 조속히 철군한다'는 내용을 담고 있다.

주요 인물

다케조에 신이치로 竹添進一郎

구마모토현 유학자 집안의 자제로 1882년 주조선 일본 공사로 부임했다. 갑신정변 때 김옥균과의 사전 밀약대로 일본 공사관 수비대 병력 150명을 지원했다. 하지만 원세개가 이끄는 청군이 개입해 창덕궁에서 청일 간 교전이 벌어지자, 일본 외무성의 조선 개화당 지원 불가 훈령에 따라 일본군을 철수시켰다. 이후 갑신정변 뒤처리를 위해 다시 조선에 파견되었으나 성과를 내지 못하고 관직에서 물러났다.

민영익 閔泳翊

민씨 정권의 주요 인물로 민태호의 아들이다. 1875년 명성황후 오빠인 민승호의 양자가 되었다. 1883년 보빙사의 정사로 임명되어 미국을 방문했다. 1884년 갑신정변 당시 친군 우영 사령관이었던 민영익은 김옥균 일파의 습격을 받아 부상을 입었지만 미국인 의사 알렌의 치료로 목숨을 건졌다. 갑신정변 이후 병조판서를 맡았으나, 이후 원세개의 농간에 휘말려 정권 중핵에서 밀려났다.

서광범 徐光範

1859년생으로 1880년 과거에 급제했다. 1882년 수신사 박영효의 종사관으로 일본을 견학했으며 1883년 민영익의 종사관으로 보빙사 사절단의 일원이 되어 미국을 시찰하고 유럽을 순방했다. 갑신정변의 주역이었으나 정변이 실패하자 일본으로 망명했다. 이후 신변 안전 등의 문제로 1885년 일본을 떠나 미국으로 망명해, 1892년 미국 시민권을 얻었다. 1894년 청일전쟁 후 일본의 주선으로 귀국해, 2차 김홍집 내각 때 법부대신이 되었다. 1895년 4차 김홍집 내각 때 주미특명전권공사로 미국에 파견되었으나, 1896년 아관파천 때 현지 해임되었다. 이후 조선으로 돌아오지 않았으며, 1897년 미국에서 일생을 마쳤다.

윤웅렬 尹雄烈

1856년 무과에 급제한 후 1881년 조선 최초의 신식 군대인 별기군을 창설했고 운영의 실질적인 책임자가 되었다. 1884년 함경도 남병사였던 그는 그해 10월, 개화당 공작에 따른 고종의 명으로 휘하 병력인 북청군 470여 명과 함께 입경했다. 하지만 11월, 갑신정변 실패를 예견하고 북청군 400여 명과 함께 북청으로 귀환했다. 갑신정변 때 개화당 내각에 의해 형조판서에 임명되었고, 갑신정변이 실패하자 능주로 유배되었다. 1894년 갑오개혁 때 군부대신으로 입각했다. 1895년 춘생문 사건에 가담했다. 이후로도 정부의 고위직을 두루 맡으며 관운을 이어가다가 1905년 을사조약 때 항의의 의미로 사직하고 은퇴했다. 이후 국채보상운동에도 참여했으나 일제의 뜻대로 운동의 분열에 일조했다. 1910년 한일합병 때 일제로부터 남작 작위를 받았고 1911년 사망했다. 윤치호가 그의 아들이다.

파울 게오르그 폰 묄렌도르프 Paul George von Möllendorf

1848년 프로이센 태생으로, 젊은 시절 중국으로 건너와 출세를 꿈꿨지만 현실은 독일 공사관과 중국 해관의 말단 계약직만을 전전했다. 어쩌다 연이 닿은 이홍장의 추천을 받아 1882년 12월, 고종을 알현하고 조선의 외무협판이 되었다. 조러밀약 파동으로 1885년 청나라에 소환될 때까지 고종의 외교 고문으로 조선의 외교 정책 결정에 중요한 역할을 했다. 청나라로 소환된 후 이홍장 밑에서 일하며 조선 귀환을 희망했지만 결국 조선으로 돌아가지 못하고 1901년 사망했다. 외교관으로서는 크게 성공하지 못했지만 동양학자로서는 만주어 연구에 큰 기여를 했다.

풍자재 馮子材

청나라 말기의 군인이다. 1850년대 태평천국전쟁 초창기부터 군대를 이끌고 태평천국군과 맞서 싸웠고, 1868년에는 광서제독으로 태평천국 잔당을 베트남으로 쫓아내기도 했다. 청불전쟁 당시, 67세였던 그는 광서군무를 맡아 전선의 청나라 2만 병력을 이끌었다. 1885년 3월, 베트남과 청나라의 국경 요지인 진남관에서 프랑스군을 물리쳤고, 청불전쟁 종전 후 1886년에는 하이난의 소요를 진압했다.

1894년 청일전쟁을 맞아 강남에서 병력을 모았으나 전쟁이 곧 끝나 참전하지는 못했다. 1896년 운남제독으로 부임했으며 1900년 의화단 운동 때 병력을 이끌고 상경하고자 했으나 성사되지 않았다. 1902년 노환으로 은퇴하고 1903년 사망했다.

홍영식 洪英植

1855년생으로 아버지는 영의정을 지낸 홍순목이다. 1873년 과거에 급제해 규장각 대교 등을 역임했다. 일찍이 박규수 문하에서 개화사상을 접했다. 1881년에 신사유람단 일원으로 일본을 시찰했고, 1883년에 보빙사의 부사가 되어 정사인 민영익을 수행했다. 1884년 우정국 총판이 되어 우정국을 설립했다. 이후 김옥균, 서광범, 박영효, 서재필 등과 함께 갑신정변을 주도해 주모자 5흉으로 지목되었다. 정변이 실패하자 일본 망명 대신 고종 곁에 남았다가 병사들에게 피살당했다. 아버지 홍순목은 정변 후 자결했다. 1894년 갑오개혁 때 신원이 복권되었고 1910년 충민공 시호를 받았다.